AF249669

LES ŒUVRES

de la

Charité Parisienne

LISTE DRESSÉE

PAR

L'OFFICE CENTRAL

des Œuvres de Bienfaisance

175, Boulevard Saint-Germain, 175.

Paris. Juillet 1900.

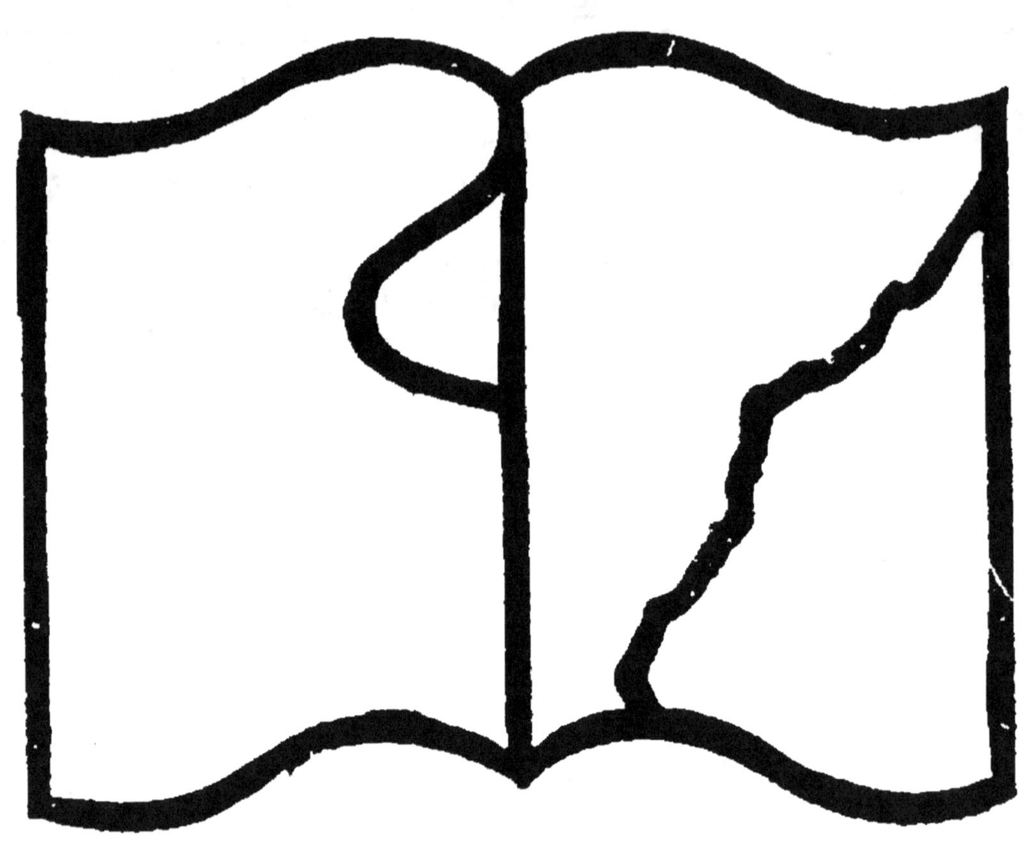

Texte détérioré — reliure défectueuse
NF Z 43-120-11

Les Œuvres

de la

Charité Parisienne

LISTE DRESSÉE

PAR

L'OFFICE CENTRAL

des Œuvres de Bienfaisance

175, Boulevard Saint-Germain, 175.

Paris Juillet 1900.

DÉDIÉ

*à Messieurs les Membres du Congrès international
d'Assistance publique et de Bienfaisance privée.*

On connaît bien, trop bien, le Paris brillant et frivole, le Paris qui attire, provoque, éblouit les yeux, le Paris où l'on s'amuse. Il y a un autre Paris qu'on connaît malheureusement beaucoup moins : c'est le Paris bienfaisant.

Celui-là pourtant mériterait mieux les suffrages universels ; et, s'il ne prétend pas revendiquer le premier rang, parmi les capitales du monde, il ne saurait vraiment le céder à aucune d'elles.

Nous aurions mauvaise grâce à reprocher aux autres d'en être mal instruits ; car nous le sommes nous-mêmes fort peu. Ces ressources infinies de la bienfaisance parisienne, combien de Parisiens les ignorent ! C'est pour les leur faire connaître que l'*Office central des Œuvres de bienfaisance* a tenu à en établir l'inventaire, en publiant **Paris charitable et prévoyant** (1).

Nous voudrions que tous les étrangers, dont nous recevrons, cette année, la visite et surtout ceux qu'une commune sollicitude pour les souffrances humaines a groupés au Congrès international d'assistance, pussent parcourir cet ouvrage, où toutes les institutions charitables de Paris sont l'objet d'une notice indiquant leur origine, leur fonctionnement, leurs résultats. Mais, dans les jours, dans les semaines de fiévreuse activité qu'ils nous consacrent, ils n'auraient pas de suffisants loisirs. Nous en avons donc dressé, à leur intention, le sommaire.

____

(1) Un vol. in-8°, à la librairie Plon, rue Garancière, 10.

L'*Office central* a publié, à la même librairie, **La France charitable et prévoyante**, tableau des institutions de bienfaisance des départements.

Aux personnes qui désireraient des renseignements complémentaires, l'*Office central* serait heureux de les fournir.

Dans cette nomenclature des œuvres parisiennes (1), nous ne nous bornons pas à mentionner chacune d'elles : nous donnons son adresse (2) ; et nous indiquons la page du livre où elle est définie (3), afin que ceux qui auraient un intérêt spécial à étudier tel ou tel établissement puissent soit aller le visiter, soit savoir où trouver sur lui des renseignements précis.

Entre ce sommaire et l'ouvrage qu'il résume on pourrait constater de légers désaccords, dont nous devons expliquer la cause.

Si un certain nombre d'œuvres y figurent qui n'avaient pas été mentionnées au *Paris-Charitable*, — et pour lesquelles, par conséquent, on ne vise aucune page de ce recueil, — c'est qu'elles ont été fondées depuis sa publication.

Si d'autres n'y sont pas inscrites sous le même nom, à la même adresse qu'elles l'avaient été au *Paris-Charitable*, c'est qu'elles ont changé d'adresse ou de nom, et que, pour renseigner exactement nos nouveaux lecteurs, nous devions leur faire connaître ces changements.

(1) Parmi ces « œuvres parisiennes », on sera peut-être surpris de trouver plus d'un établissement situé hors de Paris, même hors du département de la Seine : c'est que ces établissements y ont été fondés par la bienfaisance parisienne, pour soulager des misères parisiennes.

(2) Cette adresse manque à un très petit nombre d'entre elles n'ayant d'autre siège que le domicile de leur président ou de leur trésorier : siège trop instable pour être utilement indiqué.

(3) Les renvois au **Paris-Charitable** sont indiqués ainsi : Page X...

TABLE

—

	PAGES
Administrations et offices	1
Conseils ou sociétés d'étude, de propagande, d'encouragement au bien	1

I. — Enfance et Adolescence.

	PAGES
Services et œuvres de maternité. Protection des enfants du premier âge	3
Asiles maternels	4
Crèches	4
Ecoles maternelles	7
Asiles temporaires d'enfants	7
Adoption, éducation, protection des enfants orphelins, délaissés, indigents	7
Orphelinats de garçons	9
Orphelinats de filles	10
Secours aux enfants des écoles	14
Colonies de vacances	15
Hôpitaux publics et privés pour enfants et adolescents	15
Sanatoria ; Hôpitaux marins	15
Dispensaires d'enfants	16
Asiles de convalescence pour enfants ou adolescents	17
Enfants incurables	17
Enfants aveugles	17
Enfants sourds-muets	18
Enfants aliénés, idiots ou arriérés	18
Apprentissage ; Sociétés de protection ou d'encouragement	18
Ecoles professionnelles de garçons	19
Ecoles professionnelles de filles	20
Œuvres de préservation pour enfants et adolescents	22
Patronages et Œuvres de jeunesse	23
Etablissements de correction	23
Œuvres de relèvement	24

II. — Age adulte.

	PAGES
Institutions de prévoyance : Sociétés d'épargne, de secours mutuels, de retraite, etc	24
Caisses de loyers	25
Habitations économiques	25
Institutions patronales ; participation aux bénéfices	26
Secours divers aux indigents	26
Distribution d'aliments	29

	PAGES
Asiles de nuit	30
Assistance par le travail, à domicile	30
Assistance par le travail, à l'atelier ; Asiles de chômage	31
Placement ; rapatriement	33
Prêt	33
Fondations charitables diverses	34
Œuvres de préservation pour jeunes adultes	34
Œuvres de mariage	36
Œuvres de relèvement	36
Patronages de libérés	36
Hôpitaux publics	37
Hôpitaux privés	37
Dispensaires ; Cliniques de tuberculeux	38
Assistance des malades à domicile ou dans les hôpitaux	40
Soin et garde des malades à domicile	40
Secours aux blessés et aux noyés	41
Asiles et secours de convalescence	42
Maisons de santé, maisons de retraite	42
Incurables	43
Aveugles	44
Sourds-muets	44
Aliénés	45
Institutions et Œuvres en faveur des militaires et des marins	45
Œuvres en faveur des Alsaciens-Lorrains	46
Sociétés d'assistance entre personnes d'une même province habitant Paris	46
Œuvres d'assistance en faveur d'étrangers habitant Paris	47

III. — Vieillesse.

Asiles pour les vieillards	48
Secours spéciaux pour les vieillards	51

Administrations et Offices.

Direction générale de l'Assistance et de l'Hygiène publiques, au Ministère de l'Intérieur, rue Cambacérès, 7. (Page 1.)

Administration de l'Assistance publique de Paris, avenue Victoria, 3. (P. 1.)

Office central des Œuvres de Bienfaisance, boulevard Saint-Germain, 175. (P. 5.)

Union d'Assistance du XVIe arrondissement, à la mairie, avenue Henri Martin, 71. (P. 8.)

L'Indicateur de la Bienfaisance, office de renseignements du *Petit Journal*, passage des Deux-Sœurs. (P. 9.)

Secrétariat du Peuple, siège central, rue de Berlin, 11. Quinze secrétariats à Paris ; sept dans la banlieue. (P. 11.)

Secrétariat des Familles, rue de Sèvres, 93. (P. 12.)

Galeries de la Charité, rue Pierre Charron, 25.

Conseils ou Sociétés d'Etudes
de propagande, d'encouragement au bien.

Conseil supérieur de l'Assistance publique, avenue Victoria, 3. (P. 13.)

Société internationale pour l'étude des questions d'assistance, place Dauphine, 14. (P. 14.)

Société générale d'Education et d'Enseignement, rue de Grenelle, 35. (P. 14.)

Société générale des Prisons, place Dauphine, 14. (P. 14.)

Comité de Défense des Enfants traduits en Justice, au Palais de Justice. (P. 16.)

Office du Travail, au Ministère du Commerce, rue de Varennes, 78. (P. 16.)

Conseil supérieur des Habitations à bon marché, au Ministère du Commerce, rue de Varennes. 78. (P. 16.)

Commission supérieure des Caisses d'Epargne, au Ministère du Commerce, rue de Varennes, 78. (P. 16.)

Société internationale des Etudes d'Economie sociale, rue de Seine, 54. (P. 17.)

Société du Musée social, rue Las-Cases, 5. (P. 17.)

Société des Institutions de Prévoyance de France, rue de Rennes, 44. (P. 18.)

Ligue nationale de la Prévoyance et de la Mutualité, rue
  Bonaparte, 78. (P. 18.)
Société française des Habitations à bon marché, rue de la Ville-
  l'Evêque, 15. (P. 19.)
Comité central des Œuvres de Travail, place Dauphine, 14.
  (P. 20.)
Société pour l'étude pratique de la participation du personnel
  dans les bénéfices, rue Bergère, 20. (P. 20.)
Association pour le repos du Dimanche, rue de Grenelle, 35.
  (P. 21.)
Ligue populaire pour le repos du Dimanche, rue de la Ville-
  l'Evêque, 15. (P. 21.)
Société française pour l'observation du Dimanche, avenue de
  l'Alma, 14. (P. 22.)
Société française de Tempérance. (P. 22.)
Société française de Tempérance de la Croix-Bleue. (P. 22.)
Association de la Jeunesse française tempérante, rue du Fau-
  bourg Poissonnière, 115. (P. 22.)
La Prospérité, société française contre l'usage de l'alcool,
  avenue Ledru-Rollin, 81. (P. 22.)
Union française anti-alcoolique. rue Latran, 5.
Société contre l'usage des boissons spiritueuses, rue de
  Pontoise, 5.
Société d'Encouragement au Bien. rue Caumartin. 66. (P. 22.)
Caisse des Victimes du Devoir, rue Lafayette, 61. (P. 23.)
Union des Associations ouvrières catholiques, rue de Ver-
  neuil, 32. (P. 25.)
Société de Saint-Jean, rue du Bac, 46. (P. 25.)

Prix décernés par l'Institut :

Fondation Montyon ; — Fondation Souriau ; — Fondation
  Lange ; — Fondation Honoré de Sussy ; — Fondation
  Buisson ; — Fondation Lelevain ; — Fondation Gemond ; —
  Fondation Cam. Favre ; — Fondation Letellier ; — Fondation
  Emile Robin ; — Fondation Marie Lasne ; — Fondation
  Gouily-Dujardin ; — Fondation Lecoq-Dumenil ; — Fonda-
  tion Boutigny ; — Prix Joseph-François Audibert ; — Prix
  Jules Audéoud ; — Prix Carlier. (P. 25. 26. 27.)
Fondation Laursat ; — Fondation Peltier ; — Fondation Louise
  Varat-Larousse : — Fondation Péron ; — Fondation Gabion-
  Charron ; — Fondation Echalié ; — Fondation Salomon : —
  Fondation Reine Laux ; — Fondation veuve Charron ; —
  Fondation Charles Blouet.

ENFANCE ET ADOLESCENCE

Services et Œuvres de Maternité ; — Protection des Enfants du premier âge.

La Maternité, école d'accouchement, boulevard du Port-Royal, 123. (P. 28.)

Clinique d'accouchement Baudelocque, boulevard du Port-Royal, 125. (P. 29.)

Hôpital-clinique, rue d'Assas, 89. (P. 30.)

Lits d'accouchement dans les divers hôpitaux. (P. 30.)

Service d'accouchement chez les sages-femmes agréées auprès des hôpitaux. (P. 31.)

Asile Michelet, rue de Tolbiac, 93. (P. 31.)

Asile Ledru-Rollin, à Fontenay-aux-Roses. (P. 32.)

Fondation Arassus. (P. 32.)

Asile-ouvroir de la Société philantropique pour les femmes enceintes, rue Saint-Jacques, 253. (P. 32.)

Asile maternel de la Société Philantropique, avenue du Maine. 201. passage Raimbaut, 7. (P. 33.)

Fondation Bettina de Rotschild. (P. 34.)

Société de Charité maternelle, rue de Lubeck, 38. (P. 34.)

Société des Berceaux, avenue d'Antin, 28. (P. 38.)

Association des Mères de famille, boulevard Poissonnière, 10. (P. 38.)

Œuvre de Notre-Dame de l'Assistance, rue de Vaugirard, 350. (P. 39.)

Œuvre des Layettes, places des Ternes, 9. (P. 40.)

Société de l'Allaitement maternel et des refuges ouvriers pour les femmes enceintes, rue de Miromesnil, 11 *bis*. (P. 40.)

Refuge-ouvroir de la Société d'Allaitement maternel, avenue du Maine, 203. (P. 41.)

Œuvre de la Crèche à domicile, cité d'Hauteville. 8 : même œuvre, rue de la Parcheminerie, 15. (P. 42.)

Dispensaire municipal du XIe arrondissement (pour les enfants du premier âge), rue du Chemin Vert, 70. (P. 43.)

Œuvre israélite des femmes en couches. (P. 43.)

Œuvre philantropique du lait, rue Cambacérès, 29.

Asile-ouvroir de Gerando. rue Blomet, 82. (P. 43.)

Œuvre de Saint-Raphaël. rue Saint-Jacques, 207. (P. 45.)

Asile Sainte-Madeleine, impasse Robiquet. 8. (P. 46.)

La Mutualité maternelle, rue d'Aboukir. 6. (P. 47.)

La Famille française, société de prévoyance maternelle, rue Drouot, 19. (P. 48.)

Société protectrice de l'Enfance, rue de Suresne, 5. (P. 49.)

Association de protection physique de l'Enfance, rue Lacépède, 32.

Société Maternelle parisienne, *La Pouponnière*, à la mairie du VIIe arrondissement, rue de Grenelle, 116 ; nourricerie-modèle à Porchefontaine. (P. 51.)

Patronage des Enfants en bas-âge, à la crèche et à domicile, à Levallois-Perret, rue Gide, 64. (P. 52.)

Œuvre des malades et des jeunes enfants de Levallois-Perret, rue de Rivoli, 158.

Asiles Maternels.

Asile de Nanterre, rue Saint-Denis, 5. (P. 53.)

Garderie d'enfants, à Pontoise, rue Saint-Jean, 70. (P. 54.)

Crèches.

Crèche Saint-Roch, rue Saint-Roch, 28. (P. 57.)

Crèche municipale du Ier arrondissement, rue de l'Arbre-Sec. (P. 57.)

Crèche Notre-Dame-de-Bonne-Nouvelle, rue Saint-Denis, 144. (P. 58.)

Crèche du Mail, rue des Petits-Pères, 2. (P. 58.)

Crèche laïque des Archives, rue de Saintonge, 43. (P. 58.)

Crèche Sainte-Philomène, rue Sainte-Croix de la Bretonnerie, 20. (P. 58.)

Crèche Saint-François-de-Sales, rue Poulletier, 5. (P. 58.)

Crèche municipale du IVe arrondissement. (P. 58.)

Crèche Sainte-Geneviève, rue de la Montagne Sainte-Geneviève, 34. (P. 58.)

Crèche Monge, place Monge, 4. (P. 58.)

Crèche Sadi Carnot, rue des Trois-Portes, 3. (P. 59.)

Crèche Sainte-Lucie, rue des Bernardins, 15. (P. 59.)

Crèche Bethléem, rue de Mézières, 6. (P. 59.)

Crèche du VIe arrondissement, rue Jacob, 11. (P. 59.)

Crèche de Saint-Pierre du Gros Caillou, rue de Grenelle, 182. (P. 59.)

Crèche Saint-Vincent-de-Paul, rue Oudinot, 3. (P. 59.)

Crèche Saint-Thomas-d'Aquin, rue Perronet, 9. (P. 60.)
Crèche Saint-Philippe du-Roule, rue de Monceau, 13. (P. 60.)
Crèche Sainte-Madeleine, rue de la Ville-l'Evêque, 14. (P. 60.)
Crèche Notre-Dame-de-Lorette, rue Rodier, 60. (P. 60.)
Crèche laïque du IXe arrondissement, rue de La Rochefou-
    cauld, 25. (P. 60.)
Crèche laïque du Faubourg Saint-Martin, rue du Faubourg
    Saint-Martin, 122. (P. 61.)
Crèche laïque du XIe arrondissement, rue Saint-Maur-Popin-
    court, 6. (P. 61.)
Crèche Saint-Joseph, rue d'Angoulème, 81. (P. 61.)
Crèche Sainte-Marie des Quinze-Vingt, passage Gatbois, 8.
    (P. 61.)
Crèche Saint-Joseph, rue des Meuniers, 63. (P. 61.)
Crèche de Picpus, ruelle des Tourneux, 4. (P. 61.)
Crèche Saint-Marcel, rue Vauzedranne, 42. (P. 62.)
Crèche Sainte-Rosalie, rue de la Glacière, 35. (P. 62.)
Crèche laïque du Berceau de l'enfance, passage Ricaut, 7. (P. 62.)
Crèche Marie-Louise, rue Jenner, 39. (P. 62.)
Crèche municipale du quartier de Croulebarbe, rue des Gobe-
    lins, 7. (P. 62.)
Crèche laïque de la Maison-Blanche, rue Barrault. (P. 62.)
Crèche municipale de la Salpêtrière, rue du Banquier, 5. (P. 62.)
Crèche Fénelon-Charles, rue Charles Divry. (P. 63.)
Crèche municipale laïque de Plaisance, rue de l'Ouest, 15. (P. 63.)
Crèche du XIVe arrondissement, rue Jacquier. (P. 63.)
Crèche Sainte-Marguerite, rue Ginoux, 6. (P. 63.)
Crèche municipale laïque de l'Espérance, rue Violet, 64. (P. 63.)
Crèche laïque municipale du quartier Saint-Lambert et Necker,
    rue d'Alleray, 13. (P. 63.)
Crèche Fourcade, rue Beuret, 25. (P. 63.)
Crèche Saint-Honoré d'Eylau, avenue Victor Hugo, 117. (P. 64.)
Crèche du Point-du-Jour, rue Claude Lorrain, 22 *bis*. (P. 64.)
Crèche du XVIe arrondissement, rue François Millet. (P. 64.)
Crèche Saint-Joseph, rue Bacon, 11. (P. 64.)
Crèche de la Compagnie de l'Ouest, avenue de Clichy, 163.
    (P. 64.)
Petite crèche des Batignolles, avenue de Clichy, 47 *bis*. (P. 64.)
Crèche municipale des Epinettes, rue Berzelius prolongée, 8 *bis*.
    (P. 65.)
Crèche Madeleine Brès, rue Nollet, 86. (P. 65.)
Petite crèche de la rue Gauthey, rue Gauthey, 49. (P. 65.)
Crèche municipale du XVIIe arrondissement, avenue Mac-
    Mahon.

Crèche de Clignancourt, rue Danrémont, 93. (P. 65.)

Crèche de La Chapelle et de la Goutte d'Or, rue Cavé, 5. (P. 65.)

Crèche Notre-Dame-des-Anges, rue Caulaincourt, 39. (P. 65).

Crèche-asile Sainte-Marie, avenue de Saint-Ouen, 146. (P. 65.)

Crèche de la Villette et du Pont-de-Flandre, rue de Flandre, 142.

Crèche Sainte-Eugénie, rue de Crimée, 146. (P. 65.)

Crèche laïque du quartier d'Amérique, rue de Bellevue, 19. (P. 66.)

Crèche municipale du quartier du Combat, rue Bolivar, 66. (P. 66.)

Crèche Saint-Jean-Baptiste, rue de la Mare, 73. (P. 66.)

Crèche Sainte-Amélie, rue de Bagnolet, 63. (P. 66.)

Crèche laïque du XXe arrondissement, rue de Bagnolet. 121. (P. 66.)

Crèche laïque du quartier Saint-Fargeau. rue du Télégraphe, 33. (P. 66.)

Crèche laïque municipale du quartier du Père Lachaise.

Crèche municipale, à Asnières, place de l'Eglise. (P. 66.)

Crèche municipale, à Boulogne, rue de Paris, 105. (P. 67.)

Crèche Saint-Vincent-de-Paul. à Clichy, rue Martre, 84. (P. 67.)

Crèche municipale, à Colombes. (P. 67.)

Crèche municipale, à Courbevoie, square de la Mairie. (P. 67.)

Crèche municipale, à Levallois-Perret, rue Marjolin, 2. (P. 67.)

Crèche des Lilas, passage Griselin, 8.

Crèche communale, Sainte-Geneviève. à Nanterre, rue de la Mairie. (P. 67.)

Crèche Sainte-Amélie, à Neuilly, rue des Poissonniers, 24. (P. 68.)

Crèche Sainte-Elisabeth. à Pantin, rue Thiers, 3. (P. 68.)

Crèche municipale, à Pantin, rue du Commerce. (P. 68.)

Crèche municipale, à Puteaux, rue des Ecoles, 59. (P. 68.)

Crèche municipale, à Saint-Denis, rue Compoise, 59. (P. 68.)

Crèche municipale, à Saint-Ouen. rue de la Gare. (P. 68.)

Crèche de Suresnes, rue de Neuilly, 19. (P. 69.)

Crèche Saint-Raphaël, à Cachan. rue des Tournelles. 7. (P. 69.)

Crèche municipale, à Chatillon, passage Charlot, 2. (P. 69.)

Crèche de la manufacture de Porcelaine. à Choisy-le-Roi, rue du Pont, 3. (P. 69.)

Crèche Sainte-Emilie, à Clamart. rue du Trosy. (P. 69.)

Crèche municipale, à Créteuil, Grande-Rue. (P. 69.)

Crèche municipale, à Gentilly-Kremlin, rue Danton. 46. (P. 70.)

Crèche municipale, à Gentilly-Centre, rue de la Mairie. 12. (P. 70.)

Crèche du Centre, à Issy, place de la Mairie. (P. 70.)

Crèche des Moulineaux, à Issy, cité Gevelot. (P. 70.)
Crèche municipale, à Montreuil-sous-Bois, rue Voltaire. (P. 70.)
Crèche municipale, à Montrouge, rue des Ruelles. (P. 70.)
Crèche de Nogent-sur-Marne, avenue du Marché, 3. (P. 70.)
Crèche municipale, à Sceaux, rue Picpus, 1. (P. 71.)
Crèche Sainte-Geneviève, rue de la Mairie, 38. (P. 71.)
Crèche de Vincennes, rue des Carrières. 5. (P. 71.)
Société des Crèches, rue de Londres, 27. (P. 71.)
Œuvre des Crèches parisiennes, rue de la Boëtie, 52. (P. 72.)

Ecoles maternelles.

144 écoles maternelles publiques à Paris ; — 128 dans la banlieue.
61 écoles maternelles privées à Paris : — 33 dans la banlieue.

Asiles temporaires d'enfants.

Hospice des enfants assistés. r. Denfert-Rochereau, 74. (P. 81.)
Asile temporaire pour enfants dont les mères sont à l'hôpital. rue de Gergovie, 88. (P. 81.)
Asile temporaire des Dames de l'Oratoire de Saint-Philippe de Néri, à Neuilly, boulevard Inckermann, 14.
Abri de l'Enfance. rue Julien-Lacroix. 25.
Maison maternelle. rue Fessart, 41. (P. 82.)
Asile temporaire, rue Lemaignan, 4. (P. 83.)
Asile Leo-Delibes. à Clichy, rue du Landy, 58. (P. 83.)

Adoption, éducation, protection des enfants orphelins, délaissés, indigents.

Service des enfants assistés, avenue Victoria. 3. (P. 84.)
Service des Pupilles de l'assistance publique (autrefois des enfants moralement abandonnés). avenue Victoria. 3 (P. 86.)
Hospice des enfants assistés, rue Denfert-Rochereau. 74. (P. 87.)
Œuvre de l'adoption, rue Casimir-Delavigne. 9. (P. 89.)
Union française pour le sauvetage de l'enfance. rue de Richelieu, 108. (P. 90.)
Société générale de protection de l'enfance abandonnée ou coupable, rue de Lille. 47. (P. 91.)

Société de patronage des orphelinats agricoles et des o[r]helins Alsaciens-Lorrains, rue Casimir-Perier, 2. (P. 93.)

Association des jeunes économes, rue de l'Université, 89. (P. 94.)

Patronage de l'enfance et de l'adolescence, rue Herschel, 6. (P. 97.)

Œuvre de Sainte-Anne, boulevard des Batignolles, 10. (P. 97.)

Œuvre des enfants pauvres et des orphelins de Paris, quai de Bourbon, 31. (P. 98.)

Œuvre de l'adoption des petites filles abandonnées, rue de Ponthieu, 12. (P. 98.)

Ligue fraternelle des enfants de France, rue Thenard, 3. (P. 98.)

Œuvre familiale pour les orphelins de la Seine, à la Préfecture de la Seine. (P. 99.)

Société de l'Orphelinat de la Seine pour l'assistance et l'apprentissage des orphelins et des enfants abandonnés, rue Saint-Lazare, 28. (P. 100.)

Œuvre des enfants abandonnés, recueillis dès leur naissance, rue de Provence, 73. (P. 605.)

Œuvre de l'Orphelinat de l'enseignement primaire de France, rue Serpente, 28. (P. 101.)

Société de l'Orphelinat de la bijouterie, joaillerie, horlogerie, orfèvrerie et industries qui s'y rattachent, rue de la Jussienne, 2 *bis*. (P. 103.)

Œuvre de Notre-Dame de la Protection, rue Caumartin, 3.

Œuvre du Souvenir pour la protection de l'enfance, rue Laferrière, 11 *bis*. (P. 104.)

Maison des Pères du Saint-Esprit, rue Lhomond, 30. (P. 104.)

L'Ecole Foraine, rue Hermel, 20. (P. 105.)

Orphelinat maçonnique, rue de Crimée, 19. (P. 106.)

Orphelinat du Livre, rue Bausset, 20.

Caisse des orphelins du 1er arrondissement, à la Mairie, place du Louvre, 4. (P. 106.)

Caisse des orphelins du XVIe arrondissement, à la Mairie, avenue Henri-Martin, 71. (P. 106.)

Caisse des orphelins du XVIIIe arrondissement, rue Caulaincourt, 72. (P. 107.)

Caisse des orphelins du XIXe arrondissement, rue d'Allemagne, 137. (P. 107.)

Société de secours et d'hospitalisation pour les orphelins des ouvriers et employés des chemins de fer français, rue Fabert, 50, (P. 107.)

Œuvre des orphelins des chemins de fer français, boulevard Saint-Marcel, 32. (P. 108.)

Fondation Rabin. (P. 108.)

Orphelinat de l'Association des employés de banque, rue de Provence, 5.

Œuvre de l'Orphelinat des sous-agents des postes et télégraphes, avenue de Ségur, 35. (P. 604.)

Orphelinats de garçons.

Orphelinat Saint-Louis, rue de Sèvres, 67. (P. 109.)

Ecole Dorian, avenue Philippe-Auguste, 72. (P. 109.)

Providence Sainte-Marie, rue de Reuilly, 77. (P. 109.)

Orphelinat Salomon et Caroline de Rotschild, rue Lamblardie, 7. (P. 110.)

Refuge des enfants moralement abandonnés, rue Montéra, 15. (P. 110.)

Orphelinat Saint-Charles, rue Blomet, 147. (P. 110.)

Maison des Orphelins de Saint-Vincent de Paul, rue Dombasle, 158. (P. 111.)

Orphelinat de Montmartre, rue Marcadet, 177 *bis*.

Asile des Petits Orphelins, rue Ménilmontant, 119. (P. 111.)

Orphelinat Saint-Pierre-Saint-Paul (Orphelinat de Dom-Bosco, rue du Retrait. (P. 111.)

Asile de Bon-Secours, rue Alexandre-Dumas, 93. (P. 112.)

Orphelinat de l'Usine Saint-Joseph, au Bourget. (P. 112.)

Asile Lambrechts, à Courbevoie, rue de Colombes, 40. (P. 112.)

Maison des Enfants, à Levallois-Perret, rue de Cormeille, 31. (P. 112.)

Orphelinat Quenessen, à Neuilly, boulevard Victor-Hugo, 86. (P. 112.)

Orphelinat de l'Eglise réformée, à Neuilly, rue d'Orléans, 16. (P. 113.)

Orphelinat Génin, à Saint-Denis, place aux Gueldres, 12. (P. 113.)

Orphelinat Saint-Gabriel, à Saint-Denis, boulevard Ornano, 48.

Orphelinat de l'Œuvre Saint-Raphaël, à Antony, place du Carrousel, 2. (P. 113.)

Orphelinat du Sacré-Cœur, à Chatillon-sous-Bagneux, rue de Bagneux, 12. (P. 113.)

Orphelinat de Clamart-Siège, à Fleury. (P. 113.)

Orphelinat de Créteil, rue Traversière, 5. (P. 114.)

Orphelinat de l'Hay, rue des Tournelles, 34. (P. 114.)

Orphelinat du Grand-Montrouge, avenue de la République. (P. 114.)

Orphelinat de la Seine, à La Varenne-Saint-Hilaire, rue Louis-Blanc, 7. (P. 114.)

Asile-Ecole Fénelon, à Vaujours (Seine-et-Oise). (P. 114.)

Orphelinat de La Roche-Guyon (Seine-et-Oise). (P. 114.)

Orphelinat Athanase Coquerel, à Velizy (S.-et-O.). (P. 115.)

Orphelinat Riboutté-Vitalis, à Forges-les-Bains (Seine-et-Oise). (P. 115.)

Orphelinat Hartmann, à Forges-les-Bains (S.-et-O.). (P. 115.)

Orphelinats de filles.

Orphelinat de Saint-Roch, place du Marché-Saint-Honoré, 9. (P. 115.)

Orphelinat des Sœurs de Saint-Vincent de Paul, rue du Roule, 13. (P. 116.)

Orphelinat des Sœurs de Saint-Vincent de Paul, rue du Bouloi, 20. (P. 116.)

Orphelinat de Bonne-Nouvelle, rue Réaumur, 85. (P. 116.)

Orphelinat des Billettes, rue des Archives, 22. (P. 116.)

Orphelinat Saint-Merri, rue du Cloître-Saint-Merri, 8. (P. 116.)

Orphelinat des Sœurs de Saint-Vincent de Paul, rue du Fauconnier, 11. (P. 116.)

Orphelinat Saint-Louis, rue Poulletier, 7. (P. 117.)

Orphelinat Saint-Gervais, rue Geoffroy-Lasnier, 30. (P. 117.)

Orphelinat Bonar, rue de la Parcheminerie, 5. (P. 117.)

Orphelinat de la Sœur Rosalie, rue Geoffroy-Saint-Hilaire, 32. (P. 117.)

Orphelinat des Sœurs de Saint-Vincent de Paul, rue Nicole, 9. (P. 118.)

Orphelinat des Sœurs de Saint-Vincent de Paul, rue des Bernardins, 15. (P. 118.)

Orphelinat de la Sainte-Famille, rue Lhomond, 41. (P. 118.)

Orphelinat de l'Enfant-Jésus, rue Rataud, 3. (P. 118.)

Orphelinat de Saint-Etienne-du-Mont, rue du Cardinal Lemoine, 69. (P. 118.)

Orphelinat des Sœurs de Saint-Vincent de Paul, rue Saint-Benoît, 14. (P. 119.)

Orphelinat des Enfants de la Providence, rue du Regard, 13. (P. 119.)

Orphelinat des Sœurs de la Présentation de la Sainte-Vierge, rue de Vaugirard, 106. (P. 119.)

Œuvre des Enfants délaissés, rue Notre-Dame-des-Champs, 33. (P. 119.)

Orphelinat Saint-Guillaume, rue Perronnet, 9. (P. 120.)

Orphelinat de la Providence, rue Oudinot, 3. (P. 120.)

Orphelinat Sainte-Clotilde, rue de Grenelle. 77. (P. 120.)

Orphelinat du Gros-Caillou, rue Saint-Dominique, 109. (P. 120.)

Orphelinat Saint-Augustin, rue de Monceau, 95. (P. 120.)

Orphelinat de Saint-Philippe-du-Roule, rue de Monceau, 15. (P. 120.)

Orphelinat de la Madeleine, rue de la Ville-l'Evêque, 14. (P. 121.)

Institution Saint-Louis, rue de Clichy, 50. (P. 121.)

Orphelinat de Saint-Eugène, rue d'Hauteville, 56. (P. 121.)

Orphelinat de Saint-Vincent-de-Paul, rue de Rocroi, 6. (P. 121.)

Orphelinat des Sœurs de Saint-Vincent-de-Paul, rue du Canal Saint-Martin, 10. (P. 121.)

Orphelinat des Sœurs de Saint-Vincent-de-Paul, rue Basfroi. 16. (P. 121.)

Orphelinat de St-Ambroise. rue du Chemin Vert, 140. (P. 122.)

Orphelinat-ouvroir des Sœurs de Saint-Vincent-de-Paul. rue d'Angoulême, 81. (P. 122.)

Orphelinat du Faubourg Saint-Antoine. rue du Faubourg Saint-Antoine, 254. (P. 122.)

Orphelinat Sainte-Elisabeth, rue du Faub. Saint-Antoine, 210. (P. 123.)

Providence de Sainte-Marie, rue de Reuilly. 77. (P. 123.)

Œuvre du Saint-Cœur de Marie, rue de Piepus, 60. (P. 123.)

Orphelinat des Sœurs de Saint-Vincent-de-Paul, rue des Meuniers, 63. (P. 123.)

Pensionnat de Jeunes filles de l'Eglise Réformée, rue de Reuilly, 97. (P. 123.)

Orphelinat Salomon et Caroline de Rotschild, rue Lamblardie. 7. (P. 123.)

Orphelinat des Sœurs de Saint-Vincent-de-Paul, rue Ruty. 5. (P. 124.)

Refuge des Enfants moralement abandonnés, rue Montèra, 15. (P. 124.)

Orphelinat des Sœurs de Saint-Vincent-de-Paul, rue Jenner, 39. (P. 124.)

Orphelinat des Sœurs de Saint-Vincent-de-Paul, rue Vandrezanne, 54. (P. 124.)

Orphelinat Marie-Joseph. rue de la Glacière, 35. (P. 124.)

Asile-ouvroir de Jeanne d'Arc. rue Véronèse. 2. (P. 124.)

Orphelinat des Sœurs de Saint-Vincent-de-Paul. rue Gassendi, 29. (P. 125.)

Orhelinat des Sœurs de Saint-Vincent-de-Paul. rue de la Tombe-Issoire, 78. (P. 125.)

Orphelinat des Sœurs du Saint-Cœur de Marie, rue Perceval, 22. (P. 125.)

Orphelinat de Plaisance, rue Pernety, 63. (P. 125.)

Orphelinat du Saint-Nom de Jésus, rue de Vanves, 185. (P. 125.)

Ouvroir-externat de l'Immaculée Conception, rue de la Voie Verte, 27. (P. 125.)

Orphelinat des Sœurs de Saint-Vincent-de-Paul. boulevard du Montparnasse. 92. (P. 126.)

Orphelinat des Saints-Anges, rue de Vouillé, 8. (P. 126.)

Orphelinat Saint-Charles, rue Blomet, 147. (P. 136.)

Orphelinat des Sœurs de Saint-Paul, rue Violet, 44. (P. 126.)

Orphelinat de Mlle Christie, rue Violet, 54. (P. 126.)

Orphelinat de la Présentation, rue Nicolo, 10. (P. 126.)

Orphelinat Notre-Dame-de-Grâce, rue Raynouard, 60. (P. 127.)

Orphelinat des Sœurs de la Sagesse, avenue Victor Hugo, 117. (P. 127.)

Orphelinat Parent de Rozan, avenue de Versailles, 122. (P. 127.)

Orphelinat de Sainte-Marie des Batignolles, rue Salneuve. 10. (P. 127.)

Orphelinat Saint-François-de-Sales, rue Tocqueville, 27. (P. 127.)

Orphelinat évangélique des Batignolles, rue Clairaut, 15. (P. 127.)

Orphelinat des Sœurs de Ste-Marie, rue Gauthey, 39. (P. 128.)

Ecole Sainte-Mathilde, rue Lemercier, 57. (P. 128.)

Petite œuvre de la Madeleine, rue Jouffroy, 66. (P. 128).

Orphelinat-ouvroir Sainte-Geneviève, rue Bayen, 22. (P. 128.)

Orphelinat du Sacré-Cœur. rue Caulaincourt, 37. (P. 128.)

Orphelinat des Sœurs de Saint-Vincent-de-Paul, rue Championnet, 8. (P. 128.)

Orphelinat de l'Abbé Deleuze, rue Championnet, 174. (P. 129.)

Orphelinat du Sacré-Cœur, rue Sainte-Rustique, 12. (P. 605.)

Orphelinat protestant de Montmartre, rue Championnet, 176. (P. 129.)

Orphelinat des Sœurs de Saint-Vincent-de-Paul, rue Jean Cottin, 7. (P. 129.)

Orphelinat Saint-Georges, rue Bouret, 20. (P. 129.)

Orphelinat Saint-Joseph. Rue Clavel, 8. (P. 129.)

Orphelinat des Sœurs de Saint-Vincent-de-Paul, rue de Crimée, 160. (P. 129.)

Asile des Petits Orphelins, rue de Ménilmontant, 118. (P. 130.)

Orphelinat des Sœurs du Très-Saint-Sauveur, rue du Retrait, 9. (P. 130.)

Orphelinat des Sœurs de Saint-Vincent-de-Paul, rue de la Mare, 73. (P. 130.)

Orphelinat d'Aubervilliers, rue de la Courneuve, 11. (P. 130.)

Œuvre des Enfants pauvres, à Billancourt, rue du Vieux-Pont de Sèvres, 158.

Orphelinat du Bourget, rue Ernest Baroche, 7. (P. 130.)

Orphelinat des Arts, à Courbevoie, rue de la Montagne des Moines. (P. 131.)

Orphelinat de Drancy, rue Carnot, 18. (P. 131.)

Orphelinat de Dugny, rue Cretté de Paluel. (P. 131.)

Maison des Enfants, à Levallois-Perret, rue de Cormeille, 31. (P. 131.)

Orphelinat de Nanterre, rue Saint-Germain, 60. (P. 132.)

Orphelinat des Religieuses Dominicaines, à Neuilly, avenue Sainte-Foy, 18. (P. 132.)

Orphelinat Quenessen, à Neuilly, boulevard Victor Hugo, 86. (P. 132.)

Orphelinat des Sœurs de Saint-Vincent-de-Paul, à Neuilly, rue des Poissonniers, 11. (P. 132.)

Orphelinat protestant, à Neuilly, impasse de Longchamp, 9. (P. 132.)

Ophelinat des Sœurs-Missionnaires de Marie, à Neuilly, rue Perronet, 149.

Orphelinat Marie-Joseph, à Puteaux, rue de Paris, 91. (P. 132.)

Orphelinat de Saint-Denis, rue de la Fromagerie, 27. (P. 132.)

Orphelinat de Saint-Ouen, rue Saint-Denis, 41. (P. 133.)

Orphelinat de Stains, Grande-Rue, 68. (P. 133.)

Asile Lauderdale, à Suresnes, ancien chemin de Colombes. (P. 117.)

Orphelinat Sainte-Marie, à Antony, rue de l'Eglise, 18. (P. 133.)

Orphelinat de l'Œuvre Saint-Raphaël, à Antony, place du Carrousel, 2. (P. 133.)

Orphelinat de Bagneux, rue Pavée, 1. (P. 133.)

Orphelinat de Bourg-la-Reine, place Condorcet. (P. 133.)

Orphelinat d'Arcueil-Cachan, rue des Tournelles, 7. (P. 133.)

Orphelinat de Champigny, Grande-Rue, 106. (P. 133.)

Providence de Saint-Joseph, à Charenton-le-Pont, rue de Bordeaux, 10. (P. 133.)

Orphelinat de Chatenay, rue des Vallées, 5. (P. 134.)

Orphelinat de Choisy-le-Roi. (P. 134.)

Orphelinat industriel de Clamart, rue du Nord. (P. 134.)

Orphelinat Cathelot, à Clamart, rue de la Fontaine.

Orphelinat des Saints-Anges. à Clamart (succursale de l'Orphelinat Saint-Charles, de Paris.)

Orphelinat de Conflans, rue Camille Mouquet. (P. 134.)

Orphelinat de Créteil, rue du Moulin. 15. (P. 134.)

Orphelinat de Fontenay-aux-Roses, rue Boucicaut, 48. (P. 134.)

Orphelinat de Fresnes-les-Rungis, Grande-Rue. (P. 134.)

Orphelinat des Sœurs fidèles compagnes de Jésus, à Gentilly, rue d'Arcueil, 35. (P. 135.)

Orphelinat des Sœurs de Saint-Vincent de Paul, à Gentilly, rue Frileuse, 2. (P. 135.)

Orphelinat de l'Hay, rue Bronzac. (P. 135.)

Orphelinat d'Issy, rue des Noyers. (P. 135.)

Orphelinat-Ouvrier de la Providence, à Ivry, rue Parmentier. (P. 135.)

Orphelinat Saint-Frambourg, à Ivry, r. de Paris, 110. (P. 135.)

Orphelinat-Ouvroir Sainte-Marie, à Malakoff, rue Turgis, 16. (P. 135.)

Orphelinat de Montrouge, rue Verdier, 39. (P. 135.)

Orphelinat du Grand-Montrouge, avenue de la République. (P. 136.)

Orphelinat de la Sainte-Famille, à La Rue, rue de Fresnes, 24. (P. 136.)

Maison des Orphelines de la Providence, à Saint-Mandé, rue Mongenot, 21. (P. 136.)

Orphelinat de la Providence, à Saint-Maur-les-Fossés, rue des Tournelles. (P. 136.)

Orphelinat de Saint-Maurice, Grande-Rue, 53. (P. 136.)

Orphelinat de Thiais. (P. 136.)

Orphelinat Sainte-Félicité, à Vitry-sur-Seine, rue d'Oucy, 5. (P. 136.)

Orphelinat Sainte-Jeanne, à Ormesson (Seine-et-Oise). (P. 137.)

Orphelinat de La Roche-Guyon (Seine-et-Oise). (P. 137.)

Orphelinat de Houilles (Seine-et-Oise), (Œuvre des petites mendiantes et enfants abandonnées.)

Secours aux enfants des écoles. —

Caisses des écoles (une pour chaque arrondissement). Siège : à la Mairie. (P. 137-141.)

Maisons des Sœurs de Saint-Vincent de Paul, rue Nicolo, 9 ; — rue Oudinot, 3 : — rue de la Tombe-Issoire, 78 ; — rue de Monceau, 15 *bis;* rue de l'Abbaye, 3 ; — rue Geoffroy-Saint-Hilaire, 32, etc. (P. 141.)

Maisons des Sœurs de la Sagesse, avenue Malakoff, 66 ; — de Sœurs de la Providence, à Courbevoie, avenue de l'Alma 86 ; — des Sœurs de Sainte-Marie, à Billancourt, rue Nationale, 50. (P. 142.)

Œuvre de la rue Championnet, rue Championnet, 174. (P. 142.)

Œuvre des écoles du Comité de bienfaisance israélite, rue Saint-Georges, 17. (P. 142.)
La Ruche. (P. 142.)
Fondation Alboni. (P. 143.)
Œuvre du Joyeux-Noël, avenue de la Bourdonnais, 4.
Œuvre des vieux souliers, à Saint-Ouen, rue Saint-Jean.

Colonies de vacances.

Œuvre des Trois-Semaines, à Levallois-Perret. rue de Cormeille, 59. (P. 143.)
Œuvre des colonies de vacances, cité Gaillard, 2. (P. 145.)
Œuvre des saines vacances, rue du Montparnasse, 19.
Œuvre du Soleil, rue Torricelli, 3.
Colonies scolaires (une pour chaque arrondissement). Siège : à la Mairie. (P. 145-148.)
Œuvre parisienne des colonies maternelles scolaires, Mairie du IVe arrondissement, place Baudoyer.
Colonie scolaire du Patronage Ollier. rue d'Assas, 74.

Hôpitaux publics et privés pour enfants et adolescents.

Hôpital des enfants, rue de Sèvres, 149. (P. 148.)
Hôpital Trousseau, rue de Charenton. 89. (P. 148.)
Hôpital de Forges-les-Bains, (P. 149.)
Hôpital de Notre-Dame du Perpétuel Secours (Pavillon Sainte-Marguerite). à Levallois-Perret, rue de Villiers. 80.
Infirmerie de l'Institution des Diaconesses. rue de Reuilly, 95. (P. 149.)
Petit Hôpital Saint-François, boulevard Saint-Marcel, 36. (P. 149.)
Hôpital Rotschild, rue Picpus, 75. (P. 149.)
Maison Marguerite, à Neuilly, boulevard de la Saussaie, 42 *bis*. substituée à l'Institut Wesberge. (P. 149.)

Sanatoria ; Hôpitaux marins.

Œuvre de Marie Auxiliatrice, rue de Maubeuge, 25, Etablissements de Villepinte et de Champrosay. (P. 150.)
Œuvre des Enfants tuberculeux. rue de Miromesnil, 35, Etablissements d'Ormesson, Villiers et Noisy-le-Grand. (P. 152.)

Hôpital de Berck-sur-Mer. (P. 154.)

Sanatorium d'Hendaye.

Colonie de Cherrueix (Ille-et-Vilaine). (P. 154.)

Hôpital Rotschild, à Berck-sur-Mer. (P. 155.)

Œuvre nationale des Hôpitaux marins, rue de Miromesnil, 60, Etablissements à Banyuls et à Saint-Trojan. (P. 155.)

Société des Instituts marins, rue du Général Foy, 4.

Sanatorium du Croisic. (P. 156.)

Sanatorium de Beneauville, (succursale de l'Orphelinat des Arts.)

Œuvre d'Argelis, rue d'Assas, 11. (P. 605.)

Dispensaires d'Enfants.

Dispensaires de l'Assistance publique : rue de l'Arbre Sec, 17 ; — rue du Marché Saint-Honoré, 9 ; — rue de la Jussienne, 2 ; — rue Pastourelle, 19 ; — rue Sainte-Croix de la Bretonnerie, 22 ; — rue Boutebrie, 1 ; — rue de l'Epée de Bois, 5 ; — rue Saint-Benoît, 14 ; — rue de Vaugirard, 32 ; — rue St-Dominique, 109 ; — rue Oudinot, 1 ; — rue de Monceau, 15 ; — rue de La Rochefoucauld, 25 ; — rue des Petites-Ecuries, 5 ; — avenue Parmentier, 174 ; — rue du Chemin Vert, 70 ; — rue Saint-Bernard, 33 ; — rue Pleyel ; — rue de Citeaux, 28 ; — avenue d'Italie, 22 ; — rue Jenner, 44 ; — place de Montrouge, 1 ; — rue d'Alésia, 176 ; — place du Commerce ; — rue d'Alleray, 12 ; — rue Jouvenet, 28 ; — rue du Ranelagh, 68 ; — rue Lauriston, 98 ; — rue Gauthey, 43 ; — rue Guersart, 15 ; — rue Ordener, 117 ; — rue Affre, 13 ; — rue Danrémont, 6 ; — rue Delouvain, 1 ; — rue Jomart, 5 : — rue Saint-Blaise ; — rue Boyer.

Dispensaires municipaux : rue Jean Lantier, 15 ; — rue Monsieur le Prince, 48 ; — rue Rodier, 32 ; — rue du Terrage, 14 ; — rue Pasteur, 7 ; — rue de Charolais, 26 ; — boulevard d'Italie, 69 ; — rue de la Convention, 48 ; — rue Letellier, 6 ; rue Petrarque, 21 ; — rue Legendre, 132 ; — rue Rennequin, 24 ; — place des Abbesses, 14 ; — place du Danube. 2 ; — rue de l'Equerre, 6 ; — rue des Cendriers, 45 : — boulevard de Belleville, 124. (P. 157-162.)

Dispensaire Ruel, rue Sainte-Croix de la Bretonnerie. 42. (P. 162.)

Dispensaire Alix Love, rue Eugène Sue, 7. (P. 163.)

Dispensaires de la Société Philantropique : rue de Crimée. 166 :

— rue des Pyrénées, 48 ; — rue Labat ; — rue Jean-Marie
Jego, 4. (P. 163.)
Dispensaire Fustado-Heine. (P. 164.)
Dispensaire de l'Assistance catholique, passage Dechambre, 6.
(P. 165.)
Association des Sœurs de Jeanne d'Arc. Cliniques : rue de
Grenelle, 164 ; — avenue du Maine, 124.
Dispensaire de l'Œuvre des Enfants Tuberculeux, rue de la
Boetie, 31.
Dispensaire de l'Œuvre de Marie Auxiliatrice, (Œuvre de
Villepinte), rue de La Tour d'Auvergne, 17. (P. 165.)
Dispensaire Simon Lazard, rue de la Fontaine.

Asiles de convalescesce pour Enfants et Adolescents.

Asile de La Roche-Guyon, Seine-et-Oise. (P. 166.)
Maison de convalescence de Forges-les-Bains, Seine-et-Oise.
Maison de convalescence de Garches, Seine-et-Oise.
Asile Sainte-Hélène, à Epinay-sur-Senart, Seine-et-Oise.
(P. 167.)
Œuvre de l'Enfant Jésus, rue Dombasle, 30.

Enfants Incurables.

Asile des Jeunes Garçons infirmes et pauvres, rue Lecourbe, 223.
(P. 168.)
Asile Mathilde (Œuvre de Notre-Dame des Sept-Douleurs). à
Neuilly, avenue du Roule, 42. (P. 170.)
Asile Sainte-Germaine, rue Desnouette-, 45. (P. 173.)
Hospice d'Ivry. (P. 173.)

Enfants Aveugles.

Institution nationale des Jeunes Aveugles, boulevard des Inva-
lides, 56. (P. 173.)
Ecole Braille, à Saint-Mandé. rue Mongenot, 5. (P. 174.)
Clinique nationale des Quinze-Vingt, rue de Charenton. 28.
(P. 175.)
Maison des Sœurs Aveugles de Saint-Paul, rue Denfert-Roche-
reau, 88. (P. 175.)
Asile des Jeunes Garçons infirmes, rue Lecourbe. 233. (P. 177.)

Enfants Sourds-Muets.

Institution nationale des Sourds-Muets, rue Saint-Jacques, 254.
   (P. 179.)
Institut départemental de Sourds-Muets, à Asnières, rue de
   Nanterre, 29. (P. 180.)
Ecole nationale de Sourdes-Muettes, à Bordeaux, rue Saint-
   Sernin. 87.
Ecole de Sourdes-Muettes, à Bourg-la-Reine, Grande route
   d'Orléans, 55. (P. 180.)
Société centrale d'Education et d'Assistance pour les Sourds-
   Muets, en France, rue Furstemberg, 3. (P. 181.)
Société pour l'Instruction et la Protection des Sourds-Muets,
   rue Serpente, 28. (P. 182.)
Fondation Vignette, à l'Institution nationale des Sourds-Muets.

Enfants Aliénés, Idiots ou Arriérés.

Hospice de Bicêtre, à Gentilly, rue du Kremlin. (P. 183.)
Colonie de Vaucluse, à Epinay-sur-Orge (Seine-et-Oise). (P. 183.)
Fondation Vallée. à Gentilly, rue Benserade, 7

Apprentissage.

Sociétés de Protection et d'Encouragement.

Société des Amis de l'Enfance, pour l'éducation et l'apprentis-
   sage des jeunes garçons pauvres de la ville de Paris, rue de
   Crillon, 15. (P. 183.)
Société d'Apprentissage des Jeunes Orphelins, rue du Parc
   Royal, 10. (P. 186.)
Association pour le placement en apprentissage et le patronage
   d'Orphelins des deux sexes, rue de Turenne 37. (P. 188.)
Société de Protection des apprentis et des enfants employés
   dans les manufactures, rue de Rennes, 44. (P. 190.)
Œuvre des Apprentissages catholiques, passage Dechambre, 6.
   — Quatre ateliers-asiles : rue d'Odessa ; — avenue du
   Maine, 24 ; — boulevard Montparnasse, 99 ; — rue de la
Grande Chaumière. 16. (P. 192.)
Œuvre des écoles catholiques d'apprentissage, rue de Sèvres,
   85. (P. 608.)

Œuvre des écoles professionnelles catholiques, rue, Cassette, 18. (P. 192.)

Société pour l'enseignement professionnel des femmes, rue de Bruxelles, 7. (P. 192.)

Comité de patronage des apprentis et des jeunes ouvriers de la confession d'Augsbourg, rue Titon, 4. (P. 194.)

Comité de patronage des jeunes apprentis de l'Eglise réformée, rue de l'Oratoire, 4. (P. 194.)

Œuvre de patronage pour les jeunes filles israélites de Paris. (P. 195.)

Société pour l'assistance paternelle aux enfants employés dans l'industrie des plumes et des fleurs, rue de Lancry, 10. (P. 196,)

Société d'encouragement de la bijouterie, joaillerie et orfèvrerie, rue de la Jussienne, 2. (P. 198.)

Œuvre philanthropique de la propagation de l'apprentissage et du placement des apprentis bijoutiers, joailliers, orfèvres et des industries qui s'y rattachent, rue Chapon, 14, (P. 198.)

Société de protection des enfants du papier peint, boulevard Didot, 43.

Ecole d'horlogerie de Paris, rue Manin, 30. (P. 199.)

Patronage des apprentis tapissiers de la ville de Paris, rue de Lutèce, 3.

Hospice des Quinze-Vingts. Placement en apprentissage des enfants des pensionnaires de l'Hospice. (P. 100.)

Primes d'encouragement de la Société philanthropique. (P. 199.)

Union française de la jeunesse. boulevard Saint-Germain, 157. (P. 200.)

Écoles professionnelles de garçons.

Ecole nationale des Arts décoratifs, rue de l'Ecole de Médecine, 5. (P, 200.)

Ecole municipale Diderot, boulevard de la Villette, 60. (P. 201.)

Ecole municipale Boulle, rue de Reuilly. 57. (P. 201.)

Ecole municipale Bernard Palissy, rue des Petits-Hôtels. 19. (P. 201.)

Ecole municipale Germain Pilon, r. Ste-Elisabeth, 12. (P. 201.)

Ecole municipale Estienne, boulevard d'Italie, 18. (P, 201.)

Ecole municipale de physique et de chimie industrielle, rue Lhomond, 42. (P. 201.)

Ecole d'orfèvrerie-bijouterie, rue Bourg-l'Abbé, 7. (P. 202.)

Ecole Lenôtre, à Villepreux (Seine-et-Oise). (P. 202.)

Ecole d'Alembert, à Montevrain (Seine-et-Marne). (P. 202.)

Ecole Roudil, à Ben-Chicao (Algérie). (P. 202.)

Ecole municipale professionnelle, à Nogent-sur-Marne, Grande-
-Rue, 64. (P. 202.)

Etablissement Saint-Nicolas, rue de Vaugirard, 92. Succursales à Issy, Igny et Buzenval. (P, 202.)

Orphelinat des apprentis, à Auteuil, rue de la Fontaine,
40. (P: 204.)

Ecole de travail israélite, rue des Rosiers, 4 *bis.* (P. 207.)

Ecole professionnelle Notre-Dame, à Aulnay-les-Bondy.

Ecole professionnelle, rue Championnet, 174. (P. 210.)

Cours professionnels divers : de serrurerie, rue de Vanves, 79
(Œuvres ouvrières de Notre-Dame du Rosaire); — de des-
sin et de modelage, rue Saint-Martin, 176, rue Chapon, 22.
rue de Lutèce, 3 : — de typographie, rue Denfert-Rochereau,
77, rue Bergère, 20 *(Ecole Chaix)*; — de couverture et de
plomberie, rue des Poitevins, 8, cité du Petit-Thouars, 16 :
— de coupe de pierre, rue Traffaut, 33, rue Vercingétorix,
18, rue de la Roquette, 40 ; — de cordonnerie, rue de Mont-
morency, 48 : — de carrosserie, rue Laugier, 24, avenue des
Ternes, 11 ; — de fumisterie, rue Beautreillis, 26 ; — de
maçons et tailleurs de pierre, rue de Lutèce, 3 ; — de menui-
serie, rue de Ravignan, 13 ; — d'ébénisterie, avenue Ledru-
Rollin, 77 ; des industries du papier, rue de Lancry, 10 ; —
des mécaniciens et chauffeurs, dans les mairies des IVe, X^e.
XIe, XIIe, XIIIe, XVe, XVIe, XVIIe et XXe arrondissements.
(P. 209-211.)

Ecoles professionnelles de filles.

Ecole ménagère catholique, rue de Vaugirard, 203.

Ecole nationale des Arts décoratifs, rue de Seine, 10. (P. 211.)

Ecole municipale professionnelle et ménagère, rue de la Tombe-
-Issoire, 77. (P. 211.)

Ecole municipale professionnelle et ménagère, rue Fondary.
20. (P. 212.)

Ecole municipale professionnelle et ménagère, rue Bossuet,
-14 (P. 212.)

Ecole municipale professionnelle, rue de Poitou, 7. (P. 212.)

Ecole municipale Jacquard, rue Bossuet, 46. (P. 212.)

Ecole municipale professionnelle et ménagère, rue Ganneron,
26. (P. 212.)

Ecole municipale et ménagère d'Yzeure (Allier). (P. 213.)

Ecoles Elisa Lemonnier, rue Duperré, 24, rue des Boulets,
41. (P. 213.)

Ecoles agrégées à l'Œuvre des Ecoles professionnelles catholiques : rue Vieille-du-Temple, 10 ; — rue Saint-Antoine, 143 ; — rue Geoffroy-l'Asnier, 30 ; — rue Poulletier, 7 ; — rue de Grenelle, 182 ; — rue du Cherche-Midi, 116 ; — rue Chomel. 7 ; rue de Clichy, 50 ; — rue de Reuilly, 77 ; — rue Vandrezanne, 44 ; — rue Jenner, 39 ; — place Jeanne d'Arc. 26 ; — rue Gassendi, 29 ; — rue de Rome 151 ; — rue Stephenson, 58 ; — rue Jean Cottin. 7 ; — rue Championnet. 8 ; — rue Bourret, 20 ; rue d'Angoulème, 81. (P. 213-215.)

Ecole professionnelle d'Imprimerie. rue Bonaparte, 19.

Atelier-école, avenue du Maine, 220. (P. 215.)

Ouvroir Ste-Geneviève, rue de la Parcheminerie, 14. (P. 216.)

Ecole Ménagère, rue de Vanves, 183. (P. 220.)

Ecole professionnelle des Jeunes Filles de l'Etoile, avenue de la Grande-Armée, 52. (P. 220.)

Ecole professionnelle des Termes, rue Bayen. (P. 972.)

Ecole professionnelle de l'Abbé Deleuze, rue Championnet, 114. (P. 221.)

Ecole professionnelle de Typographie, cours la Reine, 20. (P. 218.)

Ecole de Travail pour les Jeunes Filles israélites, boulevard Bourdon, 13. (P. 218.)

Ecole professionnelle des Jeunes Filles de Malmaisons, avenue de Choisy, 25.

Fondation Hortense Parent, rue des Beaux-Arts. 2. (P. 217.)

Ecole professionnelle, avenue de Saxe, 35. (P. 217.)

Ateliers chrétiens pour les Jeunes Filles. avenue de l'Alma, 30. (P. 217.)

Ecoles professionnelles diverses, dirigées par les *Sœurs de Saint-Vincent-de-Paul :* rue de la Harpe. 35 ; — rue Geoffroy Saint-Hilaire, 32 ; — boulevard du Montparnasse. 92 : — rue Alibert, 10 ; — rue d'Assas, 26 ; — rue de Rocroi, 10 ; — rue de la Glacière, 41 ; — rue de La Tour d'Auvergne, 18 : — rue Caulaincourt, 37. (P. 216-221.)

Ecole professionnelle de la *Petite Œuvre de Saint-Sulpice*, rue Cassette, 25. (P. 216.)

Ouvroir de l'Institution des Diaconnesses. rue de Reuilly, 95. (P. 218.)

Ecole professionnelle des *Sœurs de la Sagesse,* avenue Malakoff, 66. (P. 220.)

Ecole professionnelle des *Sœurs des Ecoles chrétiennes de la Miséricorde*, rue Crocé-Spinelli, 12.

Ouvroir des Sœurs du Sacré-Cœur de Jésus. avenue de Saint-Ouen. 39.

Patronage Saint-Augustin, quai de Billancourt, 51. (P. 221.)

Ouvroir interne des Orphelines, à Saint-Denis, rue de la Fromagerie, 27. (P. 221.)

Ecole professionnelle et ménagère de Villemomble.

Ecole professionnelle de Noisy-le-Sec, rue Saint-Denis, 88.

Ecole professionnelle de Montreuil-sous-Bois, rue de la République. (P. 221.)

Ecole professionnelle de Sceaux, rue des Imbergères, 27. (P. 221.)

Œuvres de Préservation.

Garderies scolaires, dans tous les arrondissements. (P. 222.)

Société contre la mendicité des enfants, rue d'Assas. 90.(P. 222.)

Maison de travail pour les jeunes gens, rue de l'Ancienne Comédie, 13. (P. 223.)

Œuvre de la Première Communion, rue de la Fontaine, 40. (P. 224.)

Patronage des Jeunes Garçons protestants en danger moral, rue Fessart, 36. (P. 224.)

Refuge israélite du Plessis-Piquet. (P. 225.)

Œuvre des Petites préservées, rue Violet. 54. (P. 226.)

Œuvre de la Préservation, rue de Vanves. 185. (P. 227.)

Maison familliale pour l'enfance délaissée ou coupable, rue Amiral Mouchez. 24. (P. 227.)

Asile des petites mendiantes de la Ville de Paris et du département de la Seine. rue de la Santé, 57, succursale au Raincy. (P. 227.)

Œuvre des petites mendiantes ou enfants abandonnées du déparment de la Seine, avenue de Breteuil. 60. (P. 227.)

Patronage familial, place Dauphine. 14.

Œuvre protestante des Enfants en danger moral *(Petites Familles)*, rue de Lisbonne, 49. (P. 228.)

Foyer Caroline de Barrau. à Puteaux, avenue de Saint-Germain, 46. (P. 228.)

L'Abri de la Fillette. rue des Cascades, 38.

Asile maternel pour les Jeunes Filles moralement abandonnées. rue Clavel, 26. (P. 229.

Maison israélite de refuge pour l'enfance, à Neuilly, boulevard de la Saussaye. 19. (P. 230.)

Patronages et Œuvres de Jeunesse.

Commission des Patronages et Œuvres de Jeunesse. rue de Coëtlogon, 7. (P. 231.)

Patronage des apprentis et des jeunes ouvrières, rue Oudinot, 27. — Comprend 57 Patronages de Garçons, 165 Patronages de filles à Paris ou dans la banlieue. (P. 232-233 et 241-248.)

Association libre pour l'éducation de la Jeunesse ouvrière. rue de Dantzig, 1. — Treize patronages. (P. 233.)

Patronages de la Société de Saint-Vincent-de-Paul. — Vingt patronages agrégés à la Société ou soutenus par elle. (P. 235.)

Société de Patronage des ramoneurs, fumistes et autres ouvriers nomades des rues de Paris. impasse des Bœufs. 6. (P. 237.)

Patronages paroissiaux de Garçons. au nombre de 80 environ. (P. 236-238.)

Patronages laïques de Garçons, subventionnés par la Ville de Paris. (P. 239-241.)

Patronage de l'Œuvre des Apprentissages catholiques. passage Dechambre. 6. (P. 248.)

Œuvre Sociale de Popincourt *(Settlements charitables)*, rue Folie-Regnault, 72. (P. 248.)

Union Sociale de Charonne. rue de Charonne. 170 *bis.*

Divers Patronages paroissiaux de Filles. (P. 248-250.)

Patronages laïques de Filles. subventionnés par la Ville de Paris. (P. 250.)

Etablissements de Correction.

Petit Ouvroir de Saint-Vincent-de-Paul, rue du Cherche-Midi, 120. (P. 251.)

Refuge de Sainte-Anne, à Chatillon-sur-Bagneux. (P. 251.)

Institution des Diaconesses des Eglises évangéliques de France. rue de Reuilly. 95. (P. 251.)

Refuge du Bon-Pasteur, à Conflans-Charenton. rue Camille Mouquet. 6. (P. 254.)

Ecole de Réforme de la Salpétrière. boulevard de l'Hôpital. 47. (P. 254.)

Ecole Le Pelletier de Saint-Fargeau. à Montesson (Seine-et-Oise). (P. 600.)

Ecole Maritime de Port-Hallan. (P. 254.)

Œuvres de Relèvement

Société de Patronage des jeunes détenus et des jeunes libérés du département de la Seine. rue de Mézières. 9. (P. 255.)

Société de Patronage de jeunes filles détenues, libérées et abandonnées. à Chatenay. rue d'Antony, 13.

Société de Protection des engagés volontaires élevés sous la tutelle administrative. rue de Milan. 11 *bis*. (P. 258.)

Vestiaire des Enfants prisonniers, au Palais de Justice. (P. 260.)

AGE ADULTE

Institutions de Prévoyance.

*Sociétés d'Epargne, de Secours Mutuels, de Retraite,
Coopératives de Consommation, etc.*

Caisse d'Epargne de Paris. rue Coq-Héron. 9. — 39 succursales à Paris ou dans la banlieue. (P. 261.)

Caisse nationale d'Epargne *(Caisse d'Epargne postale.)* (P. 265.)

Caisses d'épargne scolaires. (P. 265)

La Fourmi, Société en Participation d'Epargne, rue du Louvre. 23. (P. 266.)

Sociétés de Secours Mutuels. — 411 Sociétés approuvées à Paris ou dans la banlieue, au 31 décembre 1897. et 490 autorisées. (P. 267-293.)

L'Aiguille (association professionnelle mixte de patronnes, employées ou ouvrières en habillement) cité du Retiro. 9. (P. 294.)

Caisse nationale de Retraite pour la Vieillesse. rue de Lille. 56. (P. 295.)

Caisse de Retraite des Travailleurs du 1er arrondissement. rue des Pyramides. 3. (P. 297.)

L'Union Fraternelle. Société de Prévoyance mutuelle pour la création de pensions viagères. rue du Mail, 29. (P. 298).

La France prévoyante. société civile, philantropique et nationale de retraites. rue de Rivoli. 64. (P. 298).

La Boule de Neige, société philantropique et humanitaire de retraites. rue Etienne Marcel. 32. (P. 299.)

Le Grain de Blé. rue des Francs-Bourgeois, 29. (P. 299.)

Association paternelle des Employés et Ouvriers des Chemins

de fer français, caisse de retraite et de secours, rue du Bourg-l'Abbé, 5. (P. 299.)

Le Sou quotidien, société civile de retraites, rue du Faubourg Montmartre, 43. (P. 300.)

Caisse de retraite des Pasteurs de l'Eglise Réformée de France, rue Roquépine, 5. (P. 301.) (1)

Sociétés coopératives de Consommation. — 102 Sociétés à Paris ou dans la banlieue. (P. 302-307.)

Caisse nationale d'Assurance en cas de Décès. (P. 307.)

Œuvre des secours à domicile, rue Saint-Marc, 14.

Caisse nationale d'assurance en cas d'accidents, rue de Lille, 56. (P. 308.)

Société de dotation de la jeunesse française, rue de Grenelle, 71. (P. 308.)

La Famille française, rue Drouot, 17. (P. 308.)

Société fraternelle de protection des veufs, veuves et orphelins, des fonctionnaires de la Ville de Paris, boulevard de Grenelle, 65.

Union fraternelle des facteurs des postes du département de la Seine. (P. 607.)

Caisses de loyers.

Caisses de loyers de la Société de Saint-Vincent de Paul. (P. 309.)

Caisse des loyers de l'Institution des Diaconesses, rue de Reuilly, 95. (P. 309.)

Caisses de loyers des Maisons de secours dirigées par les Sœurs de Saint-Vincent de Paul, rue Boutebrie, 1; — rue Poulletier, 7; rue Oudinot, 3, etc. (P. 309-310.)

Habitations économiques.

Habitations économiques de la Société philanthropique : Fondation Armand et Michel Heine, rue Jeanne-d'Arc, 45; boulevard de Grenelle, 65; rue d'Hautpoul, 19. — Fondation Gouin, à Clichy, rue d'Alsace, 23. — Fondation de Hirsch, rue de Clignancourt, 77. (P. 312.)

Société française des habitations à bon marché, rue de la Ville-l'Evêque, 15. (P. 45.)

---

(1) Plus de 350 Sociétés de Secours mutuels, possédant des fonds de retraite.

Société anonyme d'habitations économiques, rue Pigalle, 54. (P. 312.)

Société anonyme des habitations ouvrières de Paris-Auteuil. boulevard de Strasbourg. 37. (P. 313.)

Société anonyme des habitations économiques de Saint-Denis. Siège social : à Paris, rue de Rochechouart. 22 : — Le Foyer. à Saint-Denis. rue de Paris, 137 : — L'Amitié. à Saint-Denis. rue Jannot. Siège social : à Paris, rue de la Ville-l'Evêque. 15. (P. 313.)

Le Coin du feu, Société anonyme coopérative de constructions ouvrières, à capital variable, à Saint-Denis. rue de la Charonnerie. 23. (P. 314.)

Le Foyer. Société anonyme coopérative. à La Garenne-Colombes.

Société anonyme des maisons à bon marché de Clichy. (P. 314.)

Maisons à loyers réduits. rue Vauvenargues. 3 : — rue de Reuilly. 52 ; — rue Tournefort. 24.

Institutions patronales et participation aux bénéfices.

Etablissements ayant introduit ou adopté le système de la participation du personnel aux bénéfices : Imprimerie nationale ; Maison Leclaire ; Maison du Bon-Marché, etc. (P. 315-323.)

Institutions patronales des Compagnies des chemins de fer du Nord, du Midi, d'Orléans. de Lyon, de l'Est. de l'Ouest. de l'Etat. Ecoles. ouvroirs. économats. soins médicaux. logements économiques. caisses de retraite. etc. (P. 323-331.)

Secours divers aux indigents.

Bureaux de bienfaisance : à Paris. un par arrondissement, à la Mairie. (P. 332.) — Dans la banlieue. un par commune. (P. 334.)

Dispensaires des bureaux de bienfaisance. au nombre de 45. répartis dans tous les quartiers de Paris. (P. 334.)

Secours de loyers de la Préfecture de police. (P. 336.)

Maisons de charité libres : 76 à Paris. 36 dans la banlieue. (P. 336-339.)

Société philanthropique de Paris, r. des Bons-Enfants. 41. (P. 340.)

Fondation de Hirsch (24 pensions viagères de 3.000 fr.) Voir Maternité. Dispensaire, etc.)

Société de Saint-Vincent de Paul. rue de Furstemberg. 6 ;

226 Conférences à Paris, 43 dans la banlieue. non comprises les Conférences des patronages. (P. 343-346.)

Délégation générale des Diaconats de l'Eglise réformée de Paris. rue de l'Oratoire. 1. (P. 346.)

Association protestante de bienfaisance. place Malesherbes, 15. (P. 349.)

Comité de bienfaisance israélite. rue Saint-Georges. 17. (P. 349.)

Association de bienfaisance des Dames du Sacré-Cœur, rue du Mont-Cenis. 21.

Œuvre de la Miséricorde. en faveur des pauvres honteux. boulevard Saint-Germain. 175. (P. 352.)

Association charitable des femmes du monde, rue d'Anjou. 27. (P. 353.)

Œuvre des faubourgs. (P. 354.)

Œuvre de la Chaussée du Maine, r. des Fourneaux, 74. (P. 355.)

Réunion protestante de charité, rue de Vienne. 20. (P. 356.)

Caisse du secours immédiat du *Petit Journal*, passage des Deux-Sœurs. (P. 356.)

Caisse de secours du *Figaro*, rue Drouot, 26. (P. 258.)

Société charitable de Visiteurs pour le relèvement des familles malheureuses. rue de Lille. 25. (P. 359.)

Association de charité. pour visiter et secourir à domicile les familles pauvres. (P. 359.)

Union interscolaire de bienfaisance. rue de l'Ancienne Comédie. 13. (P. 360.)

Société amicale de bienfaisance, rue Blanche. 45.

Société de bienfaisance des jeunes gens de l'Eglise Réformée de Paris. rue de l'Oratoire. 4. (P. 361.)

Diaconat de l'Eglise luthérienne de Paris. rue Chauchat. (P. 361.)

Comité des Dames de l'Etoile. avenue de la Grande-Armée. 54. (P. 361.)

Association de charité des Etudiants de la Faculté de théologie protestante de Paris. (P. 361.)

Association des Veuves Protestantes de Paris. avenue du Bois de Boulogne, 64. (P. 361.)

Œuvre des Dizaines. rue des Batignolles. 7. (P. 361.)

Œuvre du Chiffon, cité Raynaud, 4. (P. 362.)

Association des Journalistes parisiens, rue Grange-Batelière, 14. (P. 362.)

Société des Amis des Sciences. boulevard Saint-Germain, 79. (P. 362.)

Vestiaire Saint-Joseph. rue Notre-Dame-des-Champs, 39.

Vestiaire de l'Œuvre du Souvenir. r. Laferrière, 11 *bis* (P. 363.)

Œuvre de Saint-Luc. rue Duphot. 16.

Vestiaire de la Ligue fraternelle de Montmartre, rue Sainte-Isaure, 17.

Œuvre du vestiaire gratuit de Saint-Fargeau, rue Pelleport. 165 *bis*.

Vestiaire de la Mie de Pain, rue Bobillot, 64. (P. 363.)

Vestiaire-Ouvroir, rue Oudinot, 3. (P. 363.)

Vestiaire des Œuvres ouvrières de Notre-Dame du Rosaire. rue Crocé-Spinelli, 12. (P. 363.)

Vestiaire des RR. PP. Franciscains, rue Puteaux, 8. (P. 363.)

Œuvre du Vestiaire, rue Legendre, 11. (P. 363.)

Vestiaire de l'Œuvre des Pauvres du Sacré-Cœur, rue . Lamarck. (P. 363.)

Cercle des Hirondelles, avenue des Champs-Elysés, 102. (P. 363.)

Vestiaire des petits enfants pauvres, passage Cardinet, 24.

Vestiaire des Œuvres ouvrières de Clichy, rue du Landy. 7. (P. 361.)

Ouvroir Saint-Vincent de Paul, place Malesherbes, 24. (P. 364.)

Société des Fourmis. (P. 364.)

Prêt gratuit de couvertures du IIe arrondissement. rue Tiquetonne, 44. (P. 364.)

Prêt gratuit de couvertures du IIIe arrondissement, rue Caffarelli. 14. (P. 364.)

Prêt gratuit de couvertures du VIIIe arrondissement, à la Mairie.

Curatelle des indigents du IIIe arrondissement. à la Mairie. (P. 364.)

Bureau de bienfaisance de l'Ecole Polytechnique, rue Descartes. 21. (P. 365.)

Comité de bienfaisance de l'Ecole normale, r. d'Ulm. 45. (P. 365.)

Œuvre de la Providence du VIIe arrondissement. (P. 366.)

Bureau libre de charité du VIIe arrondissement. rue de Lille. 19. (P. 366.)

Œuvre des loyers, rue du Bac. 140. (P. 366.)

Fondation Orville et Mylius, rue du Bac, 140. (P. 367.)

Œuvre des loyers du XIe arrondissement, boulevard Voltaire, 148. (P. 367.)

Société d'assistance et de secours de loyers du quartier de Bercy, rue de l'Yonne, 15. (P. 367.)

Œuvre des loyers du quartier des Quinze-Vingts. boulevard de la Bastille, 6.

Œuvre des pauvres du Bas-Montreuil. (P. 368.)

Œuvre de Sainte-Marthe, boulevard Haussmann, 63.

Société de la Fédération humanitaire, à Puteaux. (P. 368.)

Ouvroir-Vestiaire. à Vitry. rue Audigeois, 36. (P. 368.)

Piscines municipales, rue Rouvet, 1, place Hebert. 1. (P. 368.)
Désinfection gratuite par les étuves municipales. rue de Chaligny, 21 : r. du Château-des-Rentiers, 73 ; r. de Stendhal, 1.
Bains-douches à bon marché, rue de Bretagne. 40.
Etablissement municipal de bains et douches gratuits, à Saint-Ouen, rue des Abouts. (P. 369.)
Œuvre du repos éternel. (P. 369.)

Distribution d'aliments.

Fourneaux de la Société Philanthropique. 26 fourneaux : rue Saint-Germain-l'Auxerrois. 12 : rue de la Lune. 11 : rue Poulletier. 5 *bis ;* rue Geoffroy-Saint-Hilaire. 32 : rue de l'Epée-de-Bois. 3 : rue Saint-Jacques. 253 : rue de l'Abbaye. 7 : rue d'Assas, 26 : rue Ambroise-Paré. 13 *bis ;* rue Philippe-de-Girard. 13 : rue Oberkampf. 142 : rue de Citeaux. 28 : rue Raty. 3 : rue Coriolis, 19 ; rue Vaudrezanne. 23 : avenue du Maine. 201 : rue Olivier-de-Serres, 212 : rue Violet. 69 ; rue Boileau, 80 ; rue du Ranelagh, 68 : boulevard Gouvion-Saint-Cyr. 29 : avenue de Clichy. 173 *bis ;* rue Labat. 44 : rue Stephenson. 50 : rue de Crimée. 166 : rue du Pressoir. 35 *bis ;* rue des Partants. 14 : rue des Pyrénées. 48 : à Saint-Ouen. avenue des Batignolles. 27. (P. 369-371.)
Fourneaux de la Société de Saint-Vincent de Paul. 20 fourneaux : rue de Saintonge. 3 : rue Brise-Miche. 4 : rue de Sèvres. 97 : rue de Milan. 16 ; rue Bossuet. 12 : rue Alibert. 10 : rue Saint-Maur, 64 : rue Corvisart. 65 : rue des Tanneries. 20 ; rue Crocé-Spinelli. 12 ; rue de Lauriston. 78 : rue Championnet. 8 : rue de Tanger, 43 : rue de Crimée. 146 : rue Bouret. 20 : rue Planchat. 42 : à Asnières. rue de Courbevoie. 83 : à Clichy. rue de Martre. 84 : à Puteaux. rue de Paris, 91. (P. 371-372.)
Fourneaux paroissiaux : rue Nicole. 9 : rue des Bernardins. 15 : rue Jenner. 39 : rue de Tocqueville, 59 : rue Caulaincourt, 37 : rue Montgolfier. 22 : rue Laferrière. 11 *bis ;* rue Championnet. 174 ; rue de Vanves. 182 : rue de Dantzig. 1 : rue Saint-Benoît. 18 : rue Riquet. 68 : rue de Javel. 35. (P. 373-374.)
Fourneaux du Comité de bienfaisance israélite : rue des Juifs : rue Ordener. (P. 374.)
Fourneaux divers de la banlieue : à Asnières. avenue d'Argenteuil (municipal) ; à Aubervilliers. rue de la Courneuve, 7 ;

à Charenton. rue de Bordeaux. 10 ; à Clamart (municipal) ;
à Clichy. rue de Marthe, 84 ; rue de Landy, 7 ; à Dugny ;
à Creteil ; à Gentilly, rue Frileuse, 2 ; à Montreuil-
sous-Bois : à Neuilly, rue de l'Hôtel-de-Ville. 65 *bis ;* à Noisy-
le-Sec, rue Tripier. (P. 374-375.)

Œuvres de Soupes populaires. subventionnées par la Ville de
Paris : rue Montmartre, 160 : rue Saint-Augustin. 1 ; rue
Réaumur, 62 : rue du Figuier. 18 : rue Thouin. 17 ; rue Pes-
talozzi. 13 ; rue Dauphine, 34 ; boulevard Rochechouart : rue
de la Folie-Regnault. 78 ; rue Faidherbe. 38 ; rue Rondelet.
8 ; boulevard de la Gare. 211 : boulevard de l'Hôpital : rue de
la Gaîté, 11 ; rue de l'Abbé-Groult, 73 : rue de Javel, 128 ;
rue Beethoven, 11 ; rue Bacon, 14 ; impasse Compoint, 3 ;
rue Salneuve. 17 ; impasse Pers, 4 ; rue de Crimée, 44 : rue
du Télégraphe. 35 ; rue du Retrait, 18 ; rue des Haies. 56.
(P. 375-378.)

Œuvre de la Mie de Pain, rue Bobillot. 64. (P. 378.)

Œuvre de la Bouchée de Pain. rue des Filles-du-Calvaire. 11.
Quatre réfectoires : rue Servan : place de la République :
quai aux Fleurs : place de la Salpêtrière, (P. 380.)

Le Pain pour tous. rue des Grandes-Carrières, 4. (P. 380.)

Société des Amis des pauvres, rue de l'Arbre-Sec. 22. (P. 382.)

Œuvre des pauvres du Sacré-Cœur. rue Lamarck, 31. (P. 383.)

Œuvre du Pain des pauvres. rue Puteaux, 8. (P. 383.)

Œuvre du Pain de Saint-Antoine. (P. 383.)

Asiles de nuit.

efuge municipal Benoît-Malon, quai de Valmy. 107. (P. 383.)

Asile municipal Georges-Sand, rue Stendhal, 1. (P. 384.)

Œuvre de l'hospitalité de nuit, rue de Tocqueville. 59. Quatre
asiles : rue de Tocqueville. 59 : boulevard Vaugirard. 14 : rue
de Laghouat, 13 : boulevard de Charonne, 122. (P. 384.)

Asiles de nuit de la Société Philanthropique. Trois asiles : rue
Saint-Jacques. 253 ; r. de Crimée, 166 : rue Labat. 44. (P. 386.)

Asile de nuit, rue Mouffetard. 76. (P. 388.)

Hôtellerie populaire de l'Armée du Salut, rue de Chabrol.
35. (P. 388.)

Hôtellerie de l'Œuvre Laubespin. rue Virginie. 7.

Assistance par le travail, à domicile.

Œuvre de l'assistance par le travail, rue du Colisée, 34. (P. 388.)

Magasin central des hôpitaux. (P. 390.)

Œuvre maternelle de Sainte-Madeleine. (P. 390.)

Œuvre du travail à domicile pour les mères de famille indi-
gentes, avenue de Versailles, 52.

Ouvroir du Ve arrondissement, r. du Val-de-Grâce, 11. (P. 391.)

Œuvre du travail, rue de Berlin. 4. (P. 391.)

Œuvre de la charité par le travail de Notre-Dame-Consolatrice.
rue Blanche, 5. (P. 392.)

Ouvroir de l'Œuvre sociale. rue de la Folie-Regnault.
72 *bis*. (P. 393.)

Société d'assistance par le travail des VIIIe et XVIIe arrondissements. rue Saineuve. 17. (P. 293.)

Ouvroir externe de femmes. rue de Vanves. 179. (P. 393.)

Ouvroir de l'Union d'assistance du XVIe arrondissement. rue
de la Pompe. 55. (P. 393.)

L'Adelphie, Société d'aide mutuelle de dames. square du Roule.
5. (P. 393.)

L'Abeille, rue Vignon. 28.

Œuvre du Torchon, rue Crocé-Spinelli, 12.

Ouvroir de l'Union parisienne des institutions féminines chrétiennes, rue du Parc-Royal, 12.

Assistance par le travail à l'atelier ; Asiles de chômage.

Refuge municipal Nicolas Flamel. rue du Château-des-Rentiers.
(P. 394.)

Refuge municipal Pauline-Roland. rue Fessart, 35. (P. 395.)

Colonie agricole de la Chalmelle, Esternay (Marne). (P. 395.)

Asile départemental de Nanterre. (P. 395.)

Asile national de Vincennes-Annexe. rue de Charenton,
32. (P. 396.)

Maison hospitalière pour les ouvriers sans asile et sans travail.
rue Fessart, 36. (P. 396.)

Œuvre de l'Hospitalité du travail. — Maison de travail pour les
femmes. avenue de Versailles. 52 ; — Maison de travail pour
les hommes, avenue de Versailles, 54, et rue Félicien-David,
33. (P. 398-402.)

Société d'assistance par le travail du IIe arrondissement. place
des Petits-Pères. 5. (P. 402.)

Union d'assistance du VIe arrondissement. rue du Montparnasse. 14. (P. 403.)

Société d'assistance par le travail des VIIIe et XVIIe arrondissements, rue Salneuve, 17. (P. 403.)

Atelier de l'Union parisienne des institutions féminines chrétiennes. rue du Parc-Royal. 12.

Œuvre d'assistance par le travail, rue Cels, 18.

Atelier de l'Union d'assistance du XVIe arrondissement, à la
Mairie.

Société d'assistance par le travail de Courbevoie, rue d'Essling,
20. (P. 405.)

Ouvroirs-ateliers pour les ouvrières sans travail. rue Saint-
Charles, 129 *bis* ; rue Doudeauville. 39 : rue Saint-Paul.
9. (P. 405.)

Œuvre des Jardins ouvriers, à Bercy, Saint-Mandé et Saint-
Ouen.

Asile temporaire protestant pour femmes, rue de la Villette,
48. (P. 406.)

Abri Saint-Joseph. rue du Mont-Cenis, 28. (P. 407.)

Atelier de l'Union chrétienne des ateliers de femmes, rue de
l'Université. 129. (P. 407.)

Ateliers de la Société générale de patronage des libérés, rue de
la Cavalerie. 4 *bis*, rue Lourmel, 19. (P. 407.)

Le Relèvement. atelier d'assissance par le travail de l'Armée
du Salut. à Neuilly. rue Parmentier, 30. (P. 408.)

Maison d'assistance par le travail de la Société La Prospérité.
avenue Ledru-Rollin, 72. (P. 408.)

Société de protection des institutrices sans place. à Neuilly.
avenue du Roule, 61. (P. 408.)

Œuvre des pauvres honteux, rue Blomet. 120. (P. 408.)

Œuvre de Notre-Dame de Bon-Secours, cité Voltaire, 4. (P. 408.)

Œuvre de chômage des Sœurs de Marie-Auxiliatrice, rue de
Maubeuge, 25. (P. 408.)

Maison de Notre-Dame-Auxiliatrice. rue de Vaugirard. 233.
(P. 409.)

Patronage Saint-Joseph, rue du Rocher, 59. (P. 409.)

Patronage Saint-Antoine de Padoue, rue du Rocher, 40.

Œuvre des Sœurs servantes de Marie, rue Duguay-Trouin. 5,
rue Nicolo, 62. (P. 409.)

Association du Foyer temporaire de Notre-Dame de Bon-
Secours, rue de Vaugirard, 163 *bis*. (P. 607.)

Asile chrétien pour domestiques femmes, rue Salneuve.
25. (P. 410.)

Maison des Sœurs de Saint-Charles, rue de Château-Landon.
23. (P. 410.)

Patronage Sainte-Marthe. rue d'Erlanger. 58. (P. 410.)

Home israélite, rue de la Tour-d'Auvergne, 38.

Placement, rapatriement.

Bureaux municipaux de placement gratuit. Dans presque tous les arrondissemens ; à la Mairie. (P. 411.)

Société protestante du travail. r. du Château-d'Eau. 55. (P. 411.)

Société du travail, Mairie du XIe arrondissement. place Voltaire. (P. 412.)

Société du travail pour le personnel spécial des travaux publics. (P. 413.)

Bureau municipal de placement gratuit, à Levallois-Perret. à la Mairie. (P. 413.)

Comité de placement de l'Œuvre de la Fraternité commerciale. rue du Canivet. 3. (P. 413.)

Association d'Alsace-Lorraine, r. du Château-d'Eau, 38. (P. 413.)

Bureaux de placement gratuit : rue de Turenne, 23 ; rue de Beausset. 11.

L'Œuvre féminine, Société philanthropique des dames et des demoiselles, rue Vaneau. 49.

Association professionnelle de Saint-Fiacre, rue de la Montagne-Sainte-Geneviève, 34. (P. 414.)

Service de placements gratuits de l'Œuvre des Pauvres du Sacré-Cœur ; — du Patronage Saint-Joseph ; — du Patronage Saint-Antoine de Padoue ; — du Patronage Sainte-Marthe : — du Patronage Saint-Gervais : — de l'Union internationale des Amies de la jeune fille : — de l'Association des institutrices chrétiennes : — de la Maison de travail pour jeunes gens ; — de la Maison de Notre-Dame-Auxiliatrice : — de l'Association des voyageurs du commerce : — de l'Union parisienne des institutions féminines. etc. (1). (P. 414-416.)

Prêt.

Mont-de-Piété de Paris. rue des Francs-Bourgeois. 55. Trois succursales et 20 bureaux auxiliaires dans les différents quartiers. (P. 417.)

Société Philanthropique du prêt gratuit. rue Cadet. 26.

(1) Cette énumération est forcément incomplète. Sans que leurs statuts leur assignent cet objet, presque toutes œuvres de bienfaisance s'occupent, à l'occasion, de procurer des emplois ou du travail à leurs assistés, et de faciliter, s'il y a lieu, leur rapatriement.

Société de crédit mutuel à prêts gratuits, rue Bonaparte. 33. (P. 420.)

Caisse de prêts gratuits du quartier de la Goutte-d'Or. rue Saint-Luc, 11. (P. 608.)

Caisse de prêts d'honneur pour les gens de lettres. rue du Ranelagh. 129.

Société de secours et prêts entre les agents forestiers. (P. 420.)

Caisses de prêts du Syndicat de l'aiguille : — du Comité de bienfaisance israélite : — de la Société d'assistance du quartier de Bercy : — de la Société coopérative du XVIIIe arrondissement ; — de l'Association des comptables du commerce et de l'industrie ; — de l'Association des membres de l'enseignement : — de la Société La Couturière : — de l'Association Landaise ; — de l'Association Vosgienne ; de l'Association amicale de Loir-et-Cher. etc. (P. 420-421.)

Fondations charitables diverses.

Fondation Thiers : *Les Quinze*. rond-point Bugeaud.

Fondation Carnot ; — Prix d'Aboville : — Prime Legentil : — Fondation Copin ; — Fondation Reverdy ; — Fondation Narabutin : — Fondation Boucher de Perthes ; — Fondation Odièvre ; — Fondation Grimal : — Fondation Rampal ; — Fondation Vincent : — Fondation Pascal Faval : — Fondation Foucher : — Fondation Préaux : — Fondation Barbet-Batifol : — Fondation Veuve Cuvillier ; — Fondation Faber ; — Fondation Modeste ; — Fondation Veuve Mairet : — Fondation J. Reinach. (P. 421-424.)

Fondation Crozatier : — Fondation Nouspikel ; — Fondation Christine-Augustine-Couronne ; — Fondation Rouget ; — Fondation Debolle ; — Fondation Remoiville : — Fondation Boissière : — Fondation Fabien.

Œuvres de préservation pour jeunes adultes.

Œuvre de Notre-Dame de la Miséricorde. rue de Vaugirard. 340. (P. 424.)

Maison de Famille de Saint-Nicolas, r. de Turenne. 23. (P. 425.)

Cercle et Maison de Famille des Francs-Bourgeois. rue Saint-Antoine. 212. (P. 425.)

Maison de Famille de la Société des Amis de l'Enfance. rue de Crillon, 16. (P. 426.)

Maisons de Famille de l'Association pour l'éducation de la jeunesse ouvrière, rue Vaneau, 30 : passage Landrieu, 9.

Maison de famille de l'Association de la jeunesse catholique, rue des Saints-Pères, 76.

Œuvre de Notre-Dame-de-Bonne-Garde, Maisons de famille pour jeunes filles : rue de la Sourdière. 25 ; — rue Oudinot. 3 : — rue du Cardinal-Lemoine. 69 : — rue Alibert. 10 ; — rue d'Assas, 26 ; — rue Bouret, 20 : — rue Geoffroy-l'Asnier. 30 ; — rue Geoffroy-Saint-Hilaire. 32 : — rue des Guillemites, 10 ; — rue de Monceau. 15 : — rue Oberkampf, 142 ; rue Réaumur. 85 ; — rue Jean-Cottin. 7 : — rue de la Ville-l'Évêque, 14 : — rue d'Angoulême. 81 ; — rue Singer, 8. (P. 426-427.)

Maison de famille de l'Œuvre de Notre-Dame-de-Bon-Secours, cité Voltaire, 4.

Maison de famille, rue Laromiguière, 10.

Maisons de famille pour jeunes filles occupées dans la soirée, rue Boissy-d'Anglas. 21. (P. 428.)

Maisons de famille de l'Association des demoiselles du commerce, rue de Vaugirard. 106 et à Vanves ; — du Syndicat de l'aiguille. cité du Retiro, 19 et rue d'Angoulême, 93 ; — de l'Union internationale des Amies de la jeune fille. rue Denfert-Rochereau. 47 et rue des Jeûneurs, 5 ; — de l'Institution des Diaconesses. rue de Reuilly, 95. (P. 427-428.)

Œuvre familiale des ouvrières, rue d'Hauteville. 23.

Œuvre des Cercles catholiques d'ouvriers. (P. 428.)

Cercle catholique des étudiants de Paris. rue du Luxembourg. 18. (P. 429.)

Alliance des Unions chrétiennes des jeunes gens de France, rue de Trévise. 14. — 13 sections. (P. 430.)

Cercle des maçons et tailleurs de pierre. rue des Chantiers, 7. (P. 431.)

Union parisienne des institutions féminines chrétiennes, rue du Parc-Royal, 12. Cercle *Amicitia* ; — Œuvre en faveur des demoiselles de magasin. (P. 432.)

Union internationale des Amies de la jeune fille. même adresse. (P. 432.)

Œuvre internationale catholique de protection de la jeune fille. rue des Bauches. 4.

Restaurant de l'Œuvre de la Fraternité commerciale. rue des Petits-Carreaux, 14. (P. 432.)

Restaurants de l'Union chrétienne des ateliers de femmes : rue de Richelieu. 47 ; place du Marché-Saint-Honoré. 27. (P. 432.)

Restaurant d'ouvrières, rue du Bac, 21.

Maison ouvrière protestante, rue Titon, 22.
Le Foyer de l'ouvrière, rue d'Aboukir, 60. (P. 432.)
Restaurant de tempérance, rue Saint-Bernard, 43.
Atelier Sainte-Agnès, à Thiais.

Œuvres de mariage.

Société charitable de Saint-François-Régis, rue Servandoni, 20. (P. 433.)
Comité des mariages de la Société de Saint-Vincent de Paul, 16 à Paris, 7 dans la banlieue. (P. 435.)
Œuvre des mariages indigents, rue de Vanves, 178. (P. 435.)
Œuvre évangélique des papiers de mariage, rue du Caire, 26. (P. 435.)
Société du mariage civil de Paris et du département de la Seine, Mairie du XIe arrondissement. (P. 436) (1).
Société d'assistance aux fiancés indigents israélites, rue Richer, 50. (P. 608.)

Œuvres de relèvement.

Refuge du Bon-Pasteur, rue Denfert-Rochereau, 71. (P. 436.)
Refuge de Notre-Dame-de-Charité (dit *de Saint-Michel*), rue Saint-Jacques, 193. (P. 437.)
Refuge Sainte-Anne, à Châtillon-sur-Bagneux, rue de Paris, 17. (P. 438.)
Refuge protestant, rue du Sergent-Bauchat, 20. (P. 440.)
Œuvre de Notre-Dame-du-Bon-Conseil, à Clichy, boulevard de Lorraine. (P. 441.)

Patronages de libérés.

Union des Sociétés de patronage de France, place Dauphine, 14. (P. 443.)
Société générale pour le patronage des libérés, rue de l'Université, 174. (P. 443.)
Société de patronage pour les prisonniers libérés protestants, rue Clavel, 26. (P. 446.)

(1) Un grand nombre d'autres œuvres, — dont l'Œuvre des pauvres malades, l'Œuvre de Notre-Dame-de-l'Assistance, l'Association des mères de famille, la Société des Amis des pauvres, l'Œuvre de la visite des malades dans les Hôpitaux, etc., — s'occupent accessoirement de faire régulariser, dans les familles qu'elles assistent, les unions et les naissances illégitimes.

Société centrale de patronage pour les libérés, rue Labie, 3. (P. 447.)

Société de patronage des jeunes adultes détenus dans les prisons du département de la Seine, rue Saint-Maur, 1. (P. 447.)

Œuvre du patronage des prévenus acquittés de la Seine, Asile, rue Broca, 136. (P. 448.)

Société de patronage des détenus, des libérés et des pupilles de l'administration pénitentiaire, boulevard de Vaugirard, 4. (P. 450.)

Œuvre des libérées de Saint-Lazare, place Dauphine, 14. Asiles à Billancourt, rue du Vieux-Pont-de-Sèvres, 143. (P. 450.)

Œuvre protestante des prisons de femmes, rue de Lisbonne, 49. Atelier-asile, boulevard de Vaugirard, 4. (P. 452.)

Société de patronage des détenues et libérées, Maison à Levallois-Perret, rue Martinval, 5. (P. 453.)

Hôpitaux publics.

Hôtel-Dieu, place du parvis Notre-Dame : — Hôpital de la Pitié, rue Lacépède, 1 ; — Hôpital de la Charité, rue Jacob, 47 ; — Hôpital Saint-Antoine, rue du Faubourg Saint-Antoine, 184 ; Hôpital Necker, rue de Sèvres, 151 ; — Hôpital Cochin, rue du Faubourg, Saint-Jacques, 47 ; Hôpital La Riboisière, rue Antoine-Paré, 2 ; — Hôpital Beaujon, rue du Faubourg-Saint-Honoré, 208 ; — Hôpital Ténon, rue de la Chine, 4 ; — Hôpital Andral, rue des Tournelles, 35 ; — Hôpital Laënnec, rue de Sèvres, 42 ; — Hôpital Broussais, rue Didot, 96 ; — Hôpital Bichat, boulevard Ney, 160 ; — Hôpital Hérold, place du Danube ; — Hôpital temporaire, porte d'Aubervilliers ; — Hôpital Saint-Louis, rue Bichat, 40 ; — Hôpital Ricord, boulevard de Port-Royal, 111 ; — Hôpital Broca, rue Broca, 111 ; — Hôpital Boucicaut, rue de la Convention ; — Hôpital de Charenton, à Saint-Maurice ; — Hôpital intercommunal de Fontenay-sous-Bois ; — Hôpital intercommunal de Pantin ; — Hôpital d'Angicourt (Oise) pour les tuberculeux, devant être prochainement inauguré. (P. 454-459.)

Hôpitaux privés

Hôpital Saint-Joseph, rue Pierre Larousse, 1. (P. 460).

Hôpital de Notre-Dame du Perpétuel Secours, à Levallois-Perret, rue de Villiers, 80. (P. 461.)

Hôpital de Notre-Dame de Bon-Secours, rue des Plantes, 66.
(P. 462.)

Hôpital homœopathique Saint-Jacques, rue des Volontaires, 37.
(P. 463.)

Petit Hôpital Saint-Michel. rue Dombasle, 30. (P. 464.)

Hôpital Saint-François, boulevard Saint-Marcel. 36. (P. 464.)

Hôpital Péan, rue de la Santé, 11. (P. 464.)

Hôpital Rotschild, rue Picpus, 75. (P. 465.)

Hôpital de l'Institution des Diaconesses, rue de Reuilly.
95. (P. 466.)

Infirmerie des Diaconesses de paroisse. r. Bridaine. 7. (P. 467.)

Fondation Jules Gouin, à Clichy, rue des Bournaires. (P. 468.)

Hôpital de l'Association des Dames françaises, rue Michel-
Ange, 93. (P. 468.)

Hôpital homœopathique Hahnemann, à Neuilly, rue de Chézy,
45. (P. 469.)

Maison Sainte-Emilie, à Clamart, avenue Schneider. (P. 469.)

Fondation Sainte-Marguerite, à Sceaux. (P. 469.)

Consultations gratuites, Dispensaires, Cliniques de Tuberculeux.

Consultations quotidiennes des Hôpitaux publics. (P. 470-473.)

Consultations quotidiennes des Dispensaires de l'Assistance
publique. (P. 473.)

Dispensaires de la Société philanthropique. Trente Dispensaires : rue des Bons-Enfants, 21 ; — rue de la Lune, 12 ; —
rue Montgolfier, 22 ; — rue des Guillemites. 10 ; — rue
Poulletier, 7 ; — rue Saint-Jacques, 235 ; — rue du Cherche-
Midi, 120 : — rue Saint-Dominique. 105 ; — rue des Écuries-
d'Artois, 5 ; — rue Saint Lazare. 32 ; — rue Ambroise-Paré,
12 *bis;* — rue du Canal Saint-Martin. 10 ; — rue Oberkampf,
142 ; — rue Faidherbe ; — rue Ruty, 3 ; — rue Jean-Marie-
Jego, 4 ; — rue Vercingétorix, 59 ; — avenue du Maine, 201 :
— rue Lecourbe, 223 ; — rue Boileau, 80 ; — rue Truffaut,
77 ; — impasse Massonet ; — rue Stephenson, 48 ; — rue Caulaincourt. 39 ; — rue Jean-Cottin, 5 : — rue de Crimée, 166 :
— rue de la Mare, 73 ; — rue de Fontarabie. 29. (P. 474-485.)

Dispensaire de la Mutualité maternelle, r. d'Aboukir, 6. (P. 474.)

Dispensaires paroissiaux: rue du Cloître-Saint-Merri, 8 ; —

rue des Bernardins, 15 : — rue de la Glacière. 41 (P. 475) ; — à Colombes ; — à Levallois-Perret ; — à Vincennes.

Dispensaires de l'Hôpital Saint-François (P. 475) ; — de l'Hôpital Rotschild (P. 478) ; — de l'Hôpital Péan (P. 478) ; — de l'Hôpital Saint-Joseph (P. 480) ; — de l'Hôpital Notre-Dame-du-Bon-Secours (P. 482) ; — du Petit Hôpital Saint-Michel (P. 482) ; — de l'Hôpital des Dames Françaises (P. 483) ; — de la Fondation Gouin (P. 485) ; — de l'Hôpital du Perpétuel-Secours. (P. 487.)

Polyclinique de Paris, rue Antoine-Dubois, 4. (P. 476.)

Dispensaire des Sœurs de Saint-Thomas-de-Villeneuve, rue de Sèvres. (P. 476.)

Association des Sœurs de Jeanne-d'Arc. Deux cliniques : rue de Grenelle, 154 ; avenue du Maine. 124.

Dispensaire dentaire, rue Turgot, 4. (P. 477.)

Polyclinique Rotschild, rue Picpus. 76 *bis*. (P. 478.)

Polyclinique, rue de la Santé. (P. 479.)

Institut Pasteur, rue Dutot, 23. (P. 480.)

Dispensaire de l'Œuvre Jehanne-d'Arc, imp. Reille, 9. (P. 482.)

Clinique otologique, à l'Institution nationale des Sourds-Muets. rue Saint-Jacques, 254. (P. 482.)

Dispensaire protestant, rue des Fourneaux, 74. (P. 482.)

Dispensaire de l'Assistance catholique, passage Dechambre. 6. (P. 483.)

Clinique homœopathique. rue Biot, 2. (P. 483.)

Dispensaire des Diaconesses de paroisse, r. Bridaine, 7. (P. 483.)

Dispensaire de l'Œuvre du pain des pauvres, rue Nollet, 60. (P. 484.)

Dispensaire de l'Œuvre des pauvres du Sacré-Cœur. rue Lamarck, 31. (P. 484.)

Fondation Isaac-Pereire, à Levallois-Perret, rue Gide. 107.

Dispensaire de Boulogne-sur-Seine. rue Saint-Denis. (P. 487.)

Œuvre du traitement quotidien et gratuit des tuberculeux pauvres. rue de la Banque, 5. Cliniques : rue de la Banque, 5 : — rue du Cardinal Lemoine, 59 : — rue de Sèvres, 31 : — avenue de Clichy. 46. (P. 487.)

Clinique Notre-Dame des Champs. boulevard du Montparnasse, 81. (P. 487.)

Clinique de Tuberculeux. rue du Général Foy. 26. (P. 488.)

Œuvre des Tuberculeux adultes, sous le patronage de Notre-Dame de l'Espérance, rue Joubert. 23. (P. 488.)

Œuvre de Notre-Dame de Compassion, clinique. r. Haxo. 122.

Clinique gratuite de Tuberculeux. rue Hermel, 26.

Clinique gratuite de Puteaux. (P. 489.)

Assistance des Malades à domicile.
Visite des Malades dans les Hôpitaux.

Œuvre des pauvres malades. rue de Sèvres. 95. (P. 490.)

Œuvre des pauvres malades dans les faubourgs. (P. 493.)

Œuvre Sainte-Elisabeth, (assistance à domicile des tuberculeux adultes), rue Croix-Nivert, 254.

Œuvre de la visite des malades dans les hôpitaux. rue Notre-Dame des Champs, 39. (P. 495.)

Œuvre de la visite des malades protestants dans les hôpitaux de Paris. (P. 495).

Œuvre de la visite des enfants et des apprentis malades dans les hôpitaux.

Comité de patronage des hôpitaux de Paris.

Caisse de secours de l'hôpital Broca. (P. 496.)

Œuvre des jeunes malades adultes, r. St-Georges, 17. (P. 496).

Œuvre des malades et des jeunes enfants pauvres. de Levallois-Perret. rue de Rivoli. 158.

Soin et Garde des Malades à domicile.

Sœurs Servantes des pauvres. Trois maisons : rue du Faubourg Saint-Martin. 122 : rue du Pot de Fer Saint-Marcel. 19 : — et à Joinville-le-Pont. (P. 496.)

Petites Sœurs de l'Assomption, gardes-malades des pauvres. Dix maisons : rue Violet, 57 ; — rue Pasteur, 19 : — avenue Beaucourt, 9 : — rue Nollet, 39 ; — rue Championnet, 172 : — rue des Fêtes. 6 : — à Levallois-Perret, rue du Bois. 163 : — à Issy, rue des Moulineaux, 10 ; — à Puteaux, route de Saint-Germain, 117 ; — à Thiais. avenue de Paris. 8. (P. 497.)

Religieuses Auxiliatrices du Purgatoire. Deux maisons : rue de la Barouillère. 16 : — rue Antoinette, 9. (P. 497.)

Sœurs Franciscaines, gardes-malades des pauvres. Six maisons : rue de la Roquette. 41 ; — rue de Condé, 12 ; — rue Dombasle. 31 ; — à Neuilly, passage d'Orléans. 3 ; — à La Plaine Saint-Denis, avenue de Paris. 88 : — à Issy, rue de la Barre, 3. (P. 497.)

Sœurs de Saint-Charles. rue Charlot. 12. (P. 497.)

Sœurs du Bon-Secours (de Troyes). Huit maisons : rue Charles V, 12 ; — rue du Cloître St-Merry, 18 ; — rue Jacob, 52 : — rue Madame, 57 : — rue de Babylone, 33 ; — rue du

Rocher, 48 ; — rue de l'Annonciation, 2 ; — à Colombes, rue Bonin, 7. (P. 498.)

Sœurs du Bon-Secours (de Paris), rue Notre-Dame des Champs. 20. (P. 498.)

Sœurs des Saints Noms de Jésus et de Marie, rue Vercingétorix, 43 ; — rue de Vanves, 180. (P. 498.)

Sœurs Auxiliatrices de l'Immaculée Conception. Quatre maisons ; rue de la Fontaine. 78 ; — rue aux Ours, 23 ; — rue de Flandres. 121 ; — à Boulogne, rue des Tilleuls. 59. (P. 498.)

Sœurs du Très-Saint-Sauveur de Niederbronn. Cinq maisons : rue Bizet. 23 ; — rue des Pyrénées, 48 ; — rue du Retrait. 9 ; au Perreux. rue des Vignes ; — à Fontenay-sous-Bois, rue du Chatelet. (P. 498.)

Sœurs Franciscaines du Sacré-Cœur. rue Servandoni. 7 ; — à Saint-Mandé ; — à Charenton. (P. 488.)

Sœurs de l'Espérance, rue de Clichy. 34 ; — rue du Faubourg Saint-Honoré. 106.

Sœurs de Sainte-Marie de la Famille. Quatre Maisons : boulevard Arago, 55 ; — rue Bridaine. 3 ; — rue Blomet. 136 ; — rue de l'Abbé-Groult. (P. 498.)

Sœurs de la Providence (de Portieux). rue des Haies ; — à Bonneuil ; — à Courbevoie.

Sœurs servantes du Sacré-Cœur de Jésus, rue Guersant. 18. (P. 499.)

Sœurs gardes-malades de l'Enfant-Jésus, à Billancourt. rue du Vieux-Pont-de-Sèvres. 228. (P. 499.)

Sœurs Oblates gardes-malades. rue de Sèvres. 157. (P. 499.)

Diaconesses de paroisse, rue Bridaine, 7. (P. 499.)

Sœurs de la Miséricorde (de Séez), rue Ballu, 17.

Pères de Saint-Camille, rue Ordener. 3. (P. 499.)

Écoles supérieures de gardes-malades. rue de la Santé. 11 ; — rue Antoine Dubois, 4 ; — rue Rochechouart. (P. 500).

Institut français des infirmières à domicile, rue Garancière, 8.

Secours aux blessés et aux noyés.

Secours aux noyés, asphyxiés et blessés. Service de la Préfecture de police, 16 pavillons de secours. (P. 500.)

Ambulances municipales urbaines. Quatre stations. (P. 500.)

Œuvre de l'Assistance aux mutilés pauvres. place de la Madeleine, 3. (P. 501.)

Société des Secouristes français, rue Honoré-Chevalier, 11. (P. 502.)

Société des Sauveteurs médaillés de la Seine, rue Monsieur-le-Prince, 60. (P. 502.)

Société nationale de Sauvetage, rue du faubourg Saint-Denis, 148. (P. 503.)

Société française de Sauvetage, rue Monsieur-le-Prince, 60. (P. 503.)

Société parisienne de Sauvetage, avenue Henri-Martin, 71. (P. 504.)

Chambre de secours aux blessés, à la mairie de Courbevoie. (P. 608.)

Maison de convalescence de Notre-Dame-des-Blancs-Manteaux, à Montreuil-sous-Bois, rue Victor-Hugo, 74.

Asiles et secours de convalescence.

Asile national de Vincennes, à Saint-Maurice. (P. 505.)

Asile national du Vésinet. (P. 506.)

Asile du Saint-Cœur de Marie, rue Notre-Dame-des-Champs, 39. (P. 505.)

Maison protestante de convalescence, rue Longchamp, 127. (P. 506.)

Maison de convalescence de Notre-Dame du Perpétuel-Secours, à Issy, rue Minard, 4. (P. 507.)

Maison de convalescence de La Prospérité, avenue Ledru-Rollin, 72 *bis*. (P. 507.)

Retraite Sainte-Geneviève, à l'Hay, rue Bronzac, 6. (P. 507.)

Maison de convalescence du Tremblay. (P. 507.)

Maison de convalescence de l'Œuvre des Jeunes Ouvrières, à Drancy, rue Sadi-Carnot, 11. (P. 507.)

Asile de convalescence de Mary-sur-Marne. (P. 507.)

Fondation Montyon. (P. 507.)

Œuvre André-Gustave de Rotschild pour les convalescents rue Saint-Georges, 17. (P. 508.)

Maisons de santé; Maisons de retraite.

Maison municipale de santé, rue du Faubourg Saint-Denis, 200 (P. 509.)

Maison de santé des Religieux hospitaliers de Saint-Jean-de-Dieu, rue Oudinot, 19. (P. 509.)

Cité des Fleurs, à Neuilly, boulevard Bineau, 57. (P. 510.)
Maison des Dames Augustines (de Meaux), rue Oudinot, 16.
    (P. 510.)
Maison des Sœurs du Très-Saint-Sauveur (de Niederbronn),
    rue Bizet, 23. (P. 510.)
Maison des Sœurs Augustines du Saint-Cœur de Marie, rue
    de la Santé, 29. (P. 511.)
Maison des Sœurs Oblates gardes-malades, rue de Sèvres, 157.
    (P. 511.)
Maison des Sœurs Servantes de Marie, rue Duguay-Trouin, 7.
    (P. 511.)
Maison des Religieuses du Saint-Sacrement, rue du Rocher, 76.
    (P. 511.)
Maison du Roule, avenue Hoche, 29. (P. 511.)
Maison de l'Institution des Diaconesses, rue de Reuilly, 95.
    (P. 511.)
Maison des Sœurs de Sainte-Marie de la Famille, rue Blomet, 136.
    (P. 512.)
Maison de santé Esquirol, à Ivry (P. 512.)
Maison de santé d'Arcueil, route d'Orléans, 11. (P. 512.)
Maison de santé de Saint-Mandé, chaussée de l'Etang, 68. (P. 512.)
Maison des Sœurs de Notre-Dame du Calvaire, à Bourg-la-
    Reine, Grande-Rue, 53. (P. 512.)
Maisons des Sœurs de Saint-Vincent de Paul, à Clichy, rue
    Martre, 84; — et à Gentilly, rue Frileuse, 2. (P. 513.)
Maison des Religieuses Ursulines, à Thiais. (P. 513.)
Maison de retraite Decaen, à Montrouge, Grande-Rue, 51.
    (P. 513.)
Maison de retraite et de santé du Grand-Montrouge, Grande-
    Rue, 53. (P. 513.)
Asile Saint-Joseph, à Clamart, rue Faureau, 3.
Villa Louise, à Cannes (P. 513.)
Œuvre mutuelle des Maisons familiales de repos pour le per-
    sonnel de l'enseignement féminin.

Incurables.

Hospice d'Ivry, rue du Clos de l'Hôpital. (P. 514.)
Maison de retraite La Rochefoucauld, avenue d'Orléans, 15.
    (P. 514.)
Hospice de Bicêtre, à Gentilly, rue du Kremlin. (P. 515.)
Hospice de la Salpétrière, boulevard de l'Hôpital, 47. (P. 515.)
Asile national Vacassy, à Saint-Maurice. (P. 515.)

Atelier d'infirmes, à Montreuil-sous-Bois, rue Armand Carrel, 50.
Œuvre des Dames du Calvaire, rue Leurmel, 55. (P. 516.)
Asile protestant de Nanterre, rue Saint-Denis, 5. (P. 517.)
Hôpital Rothschild, rue Picpus, 75. (P. 517.)
Asile Lambrechts, à Courbevoie (P. 518.)
Secours des Bureaux de bienfaisance. (P. 518.)

Aveugles.

Hospice national des Quinze-Vingts, rue de Charenton, 28,
(P. 518.)
Société d'assistance pour les Aveugles, même adresse. (P. 520.)
Clinique nationale des Quinze-Vingts, rue Moreau, 3. (P. 521.)
Société de placement et de secours en faveur des Aveugles sor-
tis de l'Institution nationale, boulevard des Invalides, 56.
(P. 522.)
Caisse de secours de l'Institution des Jeunes-Aveugles, même
adresse. (P. 523.)
Association Valentin Haüy pour le bien des Aveugles, avenue
de Breteuil, 31. (P. 523.)
Maison des Sœurs aveugles de Saint-Paul, rue Denfert-Roche-
reau, 88. (P. 525.)
Atelier d'Aveugles, à Argenteuil, rue de Saint-Germain, 78.
(P. 526.)
Atelier de l'Ecole Braille, rue Mougenot, 7. (P. 526.)
Société des Ateliers d'Aveugles, rue Jacquier, 1. (P. 177.)
Œuvre de l'Assistance aux Aveugles par le travail. rue Saint-
Sauveur, 62. (P. 526.)
Œuvre des Organistes du Sacré-Cœur : — Œuvre du travail
à domicile pour les femmes aveugles ; — Caisse de loyers
pour les Aveugles ; — Cercle Valentin Haüy ; — Consulta-
tions gratuites pour aveugles, avenue de Breteuil, 31.
(P. 526-527.)

Sourds-Muets.

Société centrale d'éducation et d'assistance pour les Sourds-
Muets, rue de Furstemberg, 3. (P. 527.)
Société d'appui paternel des Sourds-Muets de France, mairie
du IXe arrondissement. (P. 527.)
Imprimerie d'ouvriers sourds-muets, rue d'Alesia, 111 *ter*.

Aliénés.

Placements volontaires dans les Asiles publics. (P. 528.)
Maison nationale de Charenton, à Saint-Maurice. (P. 529.)
Hospice de Bicêtre, à Gentilly, rue du Kremlin. (P. 530.)
Hospice de la Salpétrière, boulevard de l'Hôpital, 47. (P. 530.)
Asile Clinique, rue Cabanis, 1. (P. 530.)
Asile de Ville-Evrard, à Neuilly-sur-Marne. (P. 531.)
Asile de Vaucluse, à Epinay-sur-Orge. (P. 531.)
Asile de Villejuif. (P. 531.)
Colonies familiales de Dun-sur-Auron (Cher) ; — d'Ainay-le-
  Château (Allier). (P. 531.)
Asiles publics recevant les aliénés épileptiques. (P. 531.)
Asiles privés : rue de Picpus, 8 ; — place Daumesnil, 15 ; —
  rue de Charonne, 161 ; — rue Berton, 17 ; — à Ivry, rue de
  la Mairie, 23 ; — à Vanves, rue Fabret, 2 ; — à Sceaux, rue
  de Penthièvre ; — Neuilly, avenue de Madrid, 16 ; — à Suresnes, quai de Suresnes, 23 ; — à Saint-Mandé, Grande-Rue
  de la République, 104 et 106 ; — Epinay-sur-Seine, avenue
  de Paris, 8. (P. 532-533.)
Œuvre de Patronage et Asile pour les aliénés indigents qui
  sortent convalescents des asiles du département de la Seine,
  rue du Théâtre, 52. (P. 533.)
Société de Patronage des aliénés guéris.

Institutions et Œuvres en faveur des Militaires
et Marins.

Maison de la Légion d'honneur, à Saint-Denis. Succursales
  aux Loges et à Ecouen. (P. 535.)
Pupilles de la Marine, Ministère de la Marine. (P. 536.)
Orphelinat de la Boissière, Seine-et-Oise, pour orphelins de
  militaires. (P. 537.)
Œuvre de l'adoption des Orphelins de la Mer, rue Bayard, 5.
Hôpital militaire du Val-de-Grâce. (P. 537.)
Hôtel des Invalides, place des Invalides. (P. 538.)
Caisse des Invalides de la Marine. (P. 538.)
Œuvre des Pensions militaires, rue Montaigne, 11 *bis*. (P. 540.)
Société centrale de Sauvetage des Naufragés, rue de Bourgo-
  gne, 1. (P. 542.)
Société de Secours aux familles de marins français naufragés,
  rue de Richelieu, 87. (P. 545.)

Société de secours pour les veuves et les orphelins des officiers du Génie, rue Saint-Dominique, 8. (P. 547.)

Société de Prévoyance pour les veuves et les orphelins d'adjoints du Génie, même adresse. (P. 547.)

Caisse du Gendarme. (P. 548.)

Caisse des veuves et des orphelins des Anciens Militaires des Armées de terre et de mer, à la mairie du VIIe arrondissement. (P. 548.)

Société des Œuvres de Mer, rue Bayard, 5. (P. 549.)

La Maison du Soldat, rue d'Hauteville, 51. (P. 550.)

Société française de secours aux Blessés militaires des Armées de terre et de mer, rue Matignon, 19. (P. 551.)

Association des Dames Françaises, rue Gaillon. 10. (P. 555.)

Union des Femmes de France, rue de la Chaussée-d'Antin, 29. (P. 557.)

Société de secours aux militaires coloniaux, rue de Richelieu, 65. — Maison de convalescence à Sèvres, rue Troyon, 26. (P. 560.)

Société des anciens militaires blessés, rue Saint-Merri, 22.

L'Africaine, rue de Marseille, 4. (P. 561.)

Le Sou du Soldat, rue de Provence. 59.

La Flotte, rue de Beaujolais. 20. (P. 608.)

Les Vétérans des armées de terre et de mer, rue Feydeau, 24. (P. 609.)

Œuvres en faveur des Alsaciens-Lorrains.

Société de protection des Alsaciens-Lorrains demeurés Français, rue de Provence, 9. (P. 561.)

Association d'Alsace-Lorraine, rue du Château-d'Eau, 55. (P. 563.)

Société de réintégration des Alsaciens-Lorrains, boulevard Bonne-Nouvelle, 10. (P. 564.)

Mission Saint-Joseph, rue Lafayette, 214. (P. 565.)

Maison de Notre-Dame-de-Grâce, rue de Lourmel, 29. (P. 565.)

Fondation des Frères A. et C. Birkle. (P. 565.)

Œuvre catholique des Alsaciens-Lorrains, rue Fondary, 6.

Sociétés d'assistance entre personnes d'une même province, habitant Paris.

Société philanthropique Savoisienne, rue Meslay, 17. (P. 565.)

La Bretagne, rue de Vaugirard, 99. (P. 566.)

L'Union Aveyronnaise, rue Lamarck, 28; — Succursale, rue Vercingétorix, 185. (P. 566.)

Autres Sociétés : La Guyenne, boulevard Saint-Germain, 175 ; — Union Bourbonnaise, rue de Cléry, 54 ; — Société de secours de l'Ardèche ; - Cercle philanthropique républicain de l'Aube ; — Association amicale du Calvados, avenue de Breteuil, 54 ; — Union des Deux-Charentes, boulevard Voltaire, 7 ; — Association Corrézienne ; — Le Maçon de la Creuse ; — Société amicale des Périgourdins ; · Les Francs-Comtois à Paris ; — Association Toulousaine, boulevard Montmartre, 1 ; — Société amicale des Parisiens de l'Hérault ; — Société amicale des Enfants de l'Isère ; — La Jurassienne ; — Association Landaise ; — Société amicale de Loir-et-Cher ; — Société amicale des Foréziens ;   Société républicaine d'appui mutuel du Lot ; — Association Lozérienne ; — Société amicale de la Marne ; — Société philanthropique de la Haute-Marne ; — Alliance septentrionale, avenue Bosquet, 26 : — Association amicale Béarnaise et Basquaise ; — Société amicale des Hautes-Pyrénées ; — Le Sartau ; — Union fraternelle des Vendéens ; — Association Vosgienne de Paris, etc. (P. 565-568.)

Œuvres d'assistance en faveur d'étrangers habitant Paris.

Orphelinat Américain, à Neuilly, boulevard Bineau. 35. (P. 568.)
Ecole libre Franco-Américaine. (P. 568.)
Catholic-Home, avenue Malakoff, 8, Villa du Redan (P. 568.)
Mission-Home, avenue de Wagram. 77. (P. 569.)
Lafayette-Home, rue de La Pompe, 187. (P. 569.)
English Catholic-Home, rue de l'Arc-de-Triomphe. 13. (P. 569.)
Mission de Belleville, rue Clavel, 3. (P. 569.)
Société Anglaise de Saint-Vincent de Paul, avenue Hoche. 50. (P. 569.)
Séminaire des Irlandais, rue des Irlandais, 3. (P. 589.)
Bureau de bienfaisance Anglais, avenue de Wagram. 38. (P. 569.)
Hôpital Hertford, à Levallois-Perret, rue de Villiers, 62. (P. 569.)
Asile Victoria, à Neuilly, rue Borghèse, 22. (P. 570.)
Société de bienfaisance Américaine, rue du Faubourg-Saint-Honoré, 233 *bis*. (P. 570.)
Société Néerlandaise de bienfaisance, rue de l'Oratoire, 4.
Société de bienfaisance Austro-Hongroise, Villa Saint-Michel, avenue de Saint-Ouen, 14. (P. 570.)
Société de bienfaisance amicale Hongroise. (P. 570.)
Société de bienfaisance Italienne, boulevard de Courcelles, 62. (P. 570.)

La Lyre italienne, rue de la Banque, 5.

Œuvre de Notre-Dame du Saint-Rosaire, en faveur des Italiens indigents, rue de Vaugirard, 149; — rue de Crimée, 160; — rue de Reuilly, 77; — rue de Buffon, 69; — rue Guersant, 30. (P. 571.)

Société Russe de bienfaisance, rue Malar, 14. (P. 571.)

Œuvre de Saint-Casimir, rue du Chevaleret, 119. (P. 571.)

Asile de vieillards Saint-Casimir, à Ivry. (P. 597.)

Institution de l'Hôtel Lambert, rue St-Louis-en-l'Ile, 2. (P. 571.)

Société des imposés volontaires, même adresse. (P. 572.)

Société de bienfaisance des Dames Polonaises, rue Saint-Honoré, 262 *bis*. (F. 572.)

La Wallonne, rue Boissy-d'Anglas, 22. (P. 572.)

Œuvre des Flamands, rue de Charonne, 181. (P. 572.)

L'Union Belge, rue du Faubourg-Saint-Denis, 80. (P. 572.)

Home Suisse, rue Descombes, 25. (P. 572.)

Société Helvétique de bienfaisance, rue Hérold, 10. (P. 572.)

Société Suisse de secours mutuels, rue des Petites-Ecuries, 8. (P. 573.)

Société Suisse des Commerçants, rue des Petites-Ecuries, 50. (P. 573.)

Asile Suisse de Paris, avenue de Saint-Mandé, 25. (P. 573.)

Fondation Allemandi. (P. 573.)

Société de bienfaisance Allemande, rue de Bondy, 86. (P. 573.)

Home Allemand, rue Rollet, 110. (P. 573.)

Asile de jeunes filles Allemandes, rue Fondary, 5.

Société Scandinave, rue Saint-Honoré, 90. (P. 573.)

Maison San-Fernando, à Neuilly, boulevard Bineau. 69. (P. 574.)

Dispensaire Al. Mavrocordato, rue Bizet, 9.

VIEILLESSE

Asiles pour les vieillards.

Asile national de La Providence, rue des Martyrs, 77. (P. 575.)

Hospice Leprince, rue Saint-Dominique, 109. (P. 575.)

Maison des Veuves, rue de Belzunce, 24. (P. 576.)

Hospice de la Salpétrière, boulevard de l'Hôpital, 47. (P. 576.)

Maison de retraite La Rochefoucauld, avenue d'Orléans, 15. (P. 576.)

Hospice Tisserand, rue d'Alésia, 134. (P. 576.)

Asile Chardon-Lagache, place d'Auteuil, 1. (P. 576.)
Institution de Sainte-Périne, rue du Point-du-Jour, 69. (P. 577.)
Maison de retraite Rossini, rue Mirabeau, 5. (P. 577.)
Maison de la Providence, rue Lemercier, 19. (P. 578.)
Hospice Debrousse, rue de Bagnolet, 148. (P. 578.)
Hospice de Belleville, rue Pelleport, 180. (P. 578.)
Hospice Devillas, à Issy, Grande-Rue, 48. (P. 578.)
Maison de retraite des Ménages, à Issy. (P. 579.)
Hospice de Bicêtre, à Gentilly, rue du Kremlin. (P. 579.)
Hospice Dheur, à Ivry, rue du Clos-de-l'Hospice. (P. 580.)
Maison de retraite Galignani, à Neuilly, boulevard Bineau, 55.
    (P. 580.)
Hospice Saint-Michel, à Saint-Mandé (P. 580.)
Hospice Lenoir-Jousseran, à Saint-Mandé, avenue du Bel-Air.
    (P. 580.)
Hospice de Limeil-Brevannes (Seine-et-Oise). (581.)
Hospice de la Reconnaissance (*Hospice Brezin*) à Garches
    (Seine-et-Oise). — Annexes : Fondation Ernest Gouin ; —
    Fondation Lemaire. (P. 581.)
Maison de retraite de la Seine, à Villers-Cotterets (Aisne).
    (P. 482.)
Hospice intercommunal Favier, à Bry-sur-Marne (Seine-et-
    Marne.) (P. 482.)
Asile municipal de vieillards, à Boulogne, rue des Abon-
    dances, 52. (P. 582.)
Asile municipal de Neuilly, rue Soyer, 5. (P. 583.)
Asile municipal de Levallois-Perret, rue Gide, 3. (P. 583.)
Asile municipal de Saint-Ouen, rue des Abouts. (P. 583.)
Hospice Guittard, à Champigny. (P. 583.)
Asile municipal Lasserre, à Issy. (P. 583.)
Asile municipal de Thiais, rue de la Mairie, 5. (P. 583.)
Asile municipal de Fontenay-aux-Roses (Fondation Boucicaut.)
Hospice intercommunal de Montrouge (Fondation Verdier.)
Maisons des Petites-Sœurs des pauvres. Huit Maisons : Rue
    Saint-Jacques, 177 ; — avenue de Breteuil, 62 ; — rue
    Picpus, 73 ; — rue Notre-Dame-des-Champs, 45 ; — rue
    Philippe-de-Girard, 13 ; — rue Varize (Fondation Schillizzi ;)
    — à Levallois-Perret, rue Gide. 45 ; — à Saint-Denis, à
    l'Ermitage. (P. 584.)
Asiles de vieillards des Sœurs de Saint-Vincent de Paul :
    rue de l'Epée-de-Bois, 5 : — rue Saint-Benoît, 18 ; — rue
    Perronnet, 9 ; — rue du Général-Foy, 20 ; — rue Vandre-
    zanne, 22 ; — rue Jenner, 33 ; — rue de la Glacière, 35 ; —
    rue Raynouard, 60 ; — rue Bouret, 20 ; — à Clichy, rue

Martre, 84 ; — à Puteaux, rue de Paris, 91 ; — à Stains,
rue Carnot, 68 ; — à Cercueil-Cachan, rue des Tourneiles, 5 ;
— à Champigny, Grande-Rue, 102 ; — à Charenton, rue de
Bordeaux ; — à Châtillon-sous-Bagneux, rue de Fontenay, 5 ;
— à Gentilly, rue Frileuse, 2 ; — à L'Hay, rue Bronzac, 6.
(P. 589-597.)

Maison de la Sainte-Famille, avenue Beaucourt, 3. (P. 590.)

Maison des Sœurs de Ste-Marie, rue Saint-Maur, 64. (P. 590.)

Asile protestant de La Muette, rue du Sergent-Bauchat. (P. 590.)

Maison de retraite de l'Hôpital Rotschild, rue Picpus, 75.
(P. 591.)

Maison de retraite israélite pour femmes, boulevard Picpus, 46.
(P. 591.)

Hospice d'Enghien, rue Picpus, 12. (P. 592.)

Infirmerie Marie-Thérèse (pour ecclésiastiques âgés), rue Denfert-Rochereau, 92. (P. 592.)

Asile Notre-Dame de Bon-Secours, rue des Plantes, 66. (P. 592.)

Asile Anselme-Payen, rue Violet, 77. (P. 593.)

Asile de Notre-Dame-de-Bon-Repos, rue Blomet, 128. (P. 593.)

Asile Saint-Joseph, avenue Victor-Hugo, 197. (P. 593.)

Asile François-Delessert, rue Le Kain, 5. (P. 594.)

Maison de retraite St-Vincent de Paul, rue Salneuve, 19. (P. 594.)

Asile de la Société Philanthropique, r. de Crimée, 166. (P. 594.)

Asile Aulagnier, à Asnières, quai d'Asnières, 230.

Acile Marie-Joseph, à Asnières, rue de Châteaudun. (P. 594.)

Asile Lambrechts, à Courbevoie, r. de Colombes, 46. (P, 595.)

Asile du Chayla, à Bécon-les-Bruyères, r. du Chayla, 12. (P. 595.)

Hospice Greffulhe, à Levallois-Perret, r. de Villiers, 82. (P. 595.)

Maison de retraite Sainte-Anne, à Neuilly, avenue du Roule,
68. (P. 595.)

Asile de vieillards (Fondation Meissonnier), à Saint-Denis, boulevard Ornano, 50.

Maison Notre-Dame, à Aulnay-lès-Bondy.

Asile Sainte-Marthe, à Bobigny, rue du Parc. (P. 596.)

Maison Sainte-Emilie, à Clamart. (P. 597.)

Hospice Ferrari, à Clamart, place Ferrari. (P. 597.)

Maison de retraite des Frères des Ecoles chrétiennes (Fondation Galliera), à Clamart. (P. 597.)

Villa Saint-Augustin, à Malakoff, rue Gambetta, 78. (P. 597.)

Maison de retraite, à Malakoff, villa d'Arcueil, pavillon, n° 3.

Maison de retraite de Montrouge, Grande-Rue, 53. (P. 598.)

Hospice Saint-Antoine-de-Padoue, à Noisy-le-Sec, rue Teipler
prolongée. (P. 598.)

Asile de vieillards, à Vanves.

Villa Saint-Augustin, à Vanves.
Maison de retraite Saint-Vincent de Paul, aux Andelys (Eure).
(P. 599.)

Secours spéciaux pour vieillards.

Secours représentatifs du séjour à l'Hospice. (P. 599.)
Secours des Bureaux de bienfaisance. (P. 600.)
Fondation Douaud, en faveur des garçons de recette de la ville
de Paris, rue Saint-Georges, 26. (P. 600.)
Fondation Rodriguez. (P. 601.)
Œuvre des vieillards, rue de Rocroi, 6. (P. 602.)
Caisse des invalides du travail du XIVe arrondissement, avenue
d'Orléans, 11. (P. 602.)
Œuvre des loyers pour les veillards du XVIe arrondissement,
à la Mairie. (P. 602.)
Œuvre des vieillards, rue Bayen, 22. (P. 602.)
Œuvre des loyers du XVIIe arrondissement, à la Mairie. (P. 602.)
Secours de vieillesse de l'Association protestante de bienfai-
sance, place Malesherbes, 15. (P. 602.)
Denier des veuves et des vieillards, rue Grange-Batelière, 14.
(P. 603.)
Association consolatrice du Sacré-Cœur, rue Lamarck, 33.
(P. 603.)
Ouvroir de femmes âgées, rue Bolivar, 32

Nancy. — Imprimerie René VAGNER

www.ingramcontent.com/pod-product-compliance
Lightning Source LLC
LaVergne TN
LVHW010405060726
842526LV00005B/1513